Iván von Simonyi

Der Judaismus und die parlamentarische Komödie,

Rede über die Täuschungen und die notwendige Reform unseres modernen Reprasentativsystems

Iván von Simonyi

Der Judaismus und die parlamentarische Komödie,
Rede über die Täuschungen und die notwendige Reform unseres modernen Reprasentativsystems

ISBN/EAN: 9783743441019

Hergestellt in Europa, USA, Kanada, Australien, Japan

Cover: Foto ©ninafisch / pixelio.de

Weitere Bücher finden Sie auf **www.hansebooks.com**

Der Judaismus
und
die parlamentarische Komödie.

Rede
über
die Täuschungen und die nothwendige Reform unseres modernen Repräsentativsystems,

gehalten bei Gelegenheit
der Budgetdebatte am 7. Februar 1882 im ung. Abgeordnetenhause.

Mit einer Einleitung

Die Juden und die Hohlheit unserer modernen Politik und Verfassung

von

Iván v. Simonyi,
Abgeordneter des ungarischen Reichstages.

Pressburg & Leipzig, 1883.
Verlag von Gustav Heckenast's Nachfolger
(Rudolf Drodtleff.)

Nehmen wir an, Jemand würde mit folgenden Behauptungen vor das Publikum treten: „Eure „sogenannte moderne Verfassung ist nichts weiter als „eine grosse Täuschung. Es ist nicht wahr, dass „durch diese Verfassung dem Volke der ihm ge-„bührende Machtantheil gegeben worden ist. All „diese schönen Dinge, von welchen die Parlamente „beinahe täglich widerhallen: von Majorität, von „Ministerverantwortlichkeit, sind eigentlich eine Art „Schwindel. Das Parlament hat nur den einzigen „Vortheil, dass in demselben gewisse Dinge frei zur „Sprache gebracht werden können; wenn nämlich „die richtigen Leute in das Parlament gelangen, „welche das Zeug und die Unabhängigkeit besitzen, „die Wahrheit zu sagen. Was den positiven Werth „des Parlamentes und der Verfassung betrifft, ist die-„ser nicht einmal so hoch anzuschlagen, als das „Papier, auf welchem jene gedruckt wurde. Denn „dieses Papier hat doch einen gewissen Preis, wenn „man es als Makulatur verkauft, während die Ver-„fassung nichts anderes als eine Täuschung ist".

Wenn Jemand eine solche Sprache führte, würden die Meisten meinen, der Betreffende bediene sich übertriebener Ausdrücke, die Sache sei doch nicht so arg. Höchstens wird man sagen, der Grund liege in den Menschen selbst, welche einmal korrumpirt sind, oder bei welchen wenigstens die politischen Tugenden nicht gerade blühen u. s. w.; nicht die Verfassung selbst sei Schuld. Man wird geneigt sein, das hier Gesagte für übertrieben, vielleicht für eine „gewagte Theorie" zu erklären. Und doch; man blicke nur ins tägliche Leben, man erinnere sich, welche Urtheile man täglich hört und welcher Worte man sich selbst bedient hat, und man wird dessen inne werden, dass die Urtheile, welche über den Parlamentarismus auf Schritt und Tritt laut werden, nicht viel besser klingen, als die oben angeführten Betrachtungen.

Nun halten wir die öffentliche Meinung gewiss nicht für unfehlbar. Insbesondere ist sie es nicht, wo die Gesellschaft zerfahren, nicht mehr ganz gesund ist, unter einem Volke, bei welchem wenigstens die mittlern und obern Schichten von einer nichtsnutzigen oder einer Presse, welche blos den Interessen einer Klasse dient, beeinflusst werden. Man verherrlicht heute Gambetta, um ihn morgen für einen ganz gewöhnlichen Faiseur zu erklären; wenigstens gewisse Schichten thun dies. Und doch gibt es bei Völkern, welche nicht ganz dem Marasmus verfallen sind — und hoffen wir, dass wir es noch nicht sind, — ein „instinktives Gefühl," einen „gesunden Kern" dessen, was man öffentliche Meinung nennt, der vielleicht mit der Naivetät eines Kindes allein *richtig* urtheilt und welcher der Wissenschaft, ja der Ansicht der Gesetzgeber und öffentlichen Meinungsmacher von Profession um Jahre vorangeht.

„Was wollen Sie *erreichen?*" wird der Kandidat oder Deputirte gefragt, besonders wenn er kein Dignitarius, oder kein reicher Mensch ist, von dem man voraussetzt, er habe Geld genug, seinen Wohnort mit der Hauptstadt zu vertauschen, Zeit und Geld genug, um einmal durch eine Rede, oder sonst wie von sich reden zu machen. Man setzt also voraus, die Abgeordnetenstelle sei eigentlich nur eine Stufe zu einem guten Amt, oder zu sonst einem persönlichen Vortheil. Man versteht nicht, wie Jemand diese Karrière betreten, dafür Opfer bringen kann, der nicht das Zeug hat, sich einen Vortheil herauszuschlagen, ja vielleicht nicht einmal dies zu thun Willens ist. „Diäten verzehren, dem Lande Kosten verursachen, Reden halten und doch nichts ausrichten" hört man oft genug ausrufen. Nebenbei gesagt, ist dies Urtheil sogar im gewissen Sinne ungerecht, indem bei den Diäten in Ungarn der allergrösste Theil selbst der sparsamen Deputirten daraufzahlen muss. „Der wird's auch nicht richten," so sagt schon häufig auch der Mann des Volkes. Und zwar, bezeichnend genug, nimmt die Zahl derjenigen immer mehr zu, welche so denken. Man achte doch einmal darauf, welche Antworten man in der Regel hört, wenn z. B. die Frage gestellt wird. „Warum ist der X. oder Y. zum Abgeordneten gewählt worden"? Es wird heissen: „Er hat eine gewisse Summe auf die Wahl verwendet," „er hat sich der Regierung als

Kandidat angetragen, und die Regierung hat ihm die nöthige Geldsumme gegeben;" „Obergespan, Vizegespan, Bürgermeister, Stuhlrichter haben ihren weitverzweigten Einfluss ins Feld geführt". Oder aber man wird sagen, „der X. oder Y. hat eine gute Suada, er ist ein praktischer Kerl", „dieser oder jener tonangebende Mann hat seine Wahl durchgesetzt." Häufig muss man auch hören, „der Vorgänger von X., der O., hat seinen Wahlbezirk vernachlässigt, ist missliebig geworden, oder man hat sich über X. geärgert, also war's dem Y. und. Z. nicht so schwer, durchzukommen." Ist es wahr oder nicht? Dies sind die Antworten, welche man in der Regel zu hören bekommt. Dagegen dürfte es wohl selten heissen, „X. und Y. ist gewählt worden, weil er die Komitatsautonomie erhalten, wiederherstellen oder aber weil er eine zentralisirte Staatsgewalt „will." X. oder Y. „ist gewählt worden, weil er ein eifriger Katholik oder umgekehrt, weil er ein Freigeist ist." Und wenn auch mitunter solche Momente genannt werden, weiss doch der Leser sehr genau, dass diese, wenigstens allein, nicht die entscheidenden waren. Gleichwohl dürfte man doch annehmen, dass die Fragen, ob autonome Selbstverwaltung oder zentralisirte Staatsgewalt, uns eigentlich sehr nahe angehen sollten, wenn unser Parlamentarismus etwas besseres wäre, als eine Komödie.

Ja, die tägliche Erfahrung hat gelehrt, dass entschiedene Programmpunkte in der Mehrzahl der Fälle sich als Hindernisse und nicht als Förderungsmittel einer Wahl bewiesen haben. Gilt Jemand für einen eifrigen Anhänger seiner Kirche, so sagt man, er ist ein „Pfaffenknecht", er ist „bigott", ein „Pharisäer" und es wird gelingen, Viele gegen ihn einzunehmen. Leute, welche sich gegen das Cölibat und für die Civilehe erklärten, mussten sehen, dass man dies als Korteschmittel gegen sie ins Feld führte und zwar thaten dies Leute, welche sich sonst blutwenig um Kirche oder Glauben gekümmert hatten. Es war eben ein gutes Korteschmittel. Wer hat dergleichen nicht schon in Ungarn, erlebt? Den A. durchzubringen, den B. zu Falle zu bringen, das ist doch der eigentliche Zweck der Wahl.

Natürlich kommen Ausnahmen vor, allein diese Ausnahmen beweisen eben die Regel.

Was beweist Dieses und Aehnliches? Dass es uns mit unserer Politik nicht sehr ernst ist. Man ist sich dessen vielleicht nicht bewusst. Man denkt vielleicht über die Schlager der Publizistik mechanisch nach, welche uns in Einem fort von „Aeusserungen des Volkswillens," „Vertrauen, das man gewonnen oder verloren hat," vordeklamirt und doch beweisen unsere Urtheile, noch mehr unsere Handlungen, dass wir die politischen Institutionen eigentlich selbst nicht für Fleisch und Blut halten.

Die Amerikaner — und Amerika ist doch ein freies Land, die Demokratie ist dort wirklich Fleisch und Blut, während wir ziemlich weit davon entfernt sind — die Amerikaner kandidiren mit Vorliebe *nicht* ihre besten Köpfe und noch weniger ihre besten

Charaktere. Selbst John Stuart Mill, der berühmte Vertheidiger des Repräsentativsystems ist genöthigt, dies anzuerkennen. Warum dies? Weil Jene nicht von ihrem Standpunkt lassen, ihre Ideen hartnäckig verfechten, an ihrer Ueberzeugung festhalten und nicht nach Rechts und Links auslugen, ob dieser oder jener Programmpunkt nicht etwa dieser oder jener Klasse, diesem oder jenem tonangebenden Mann missliebig sein könnte. Bei solchen Männern gibt es nun immer eine Menge Punkte, welche als Korteschmittel gegen sie in's Feld geführt werden können.

Leute, welche geschickt zwischen den Parteien herumlaviren, Phrasenhelden, „schlaue Bursche", wie die Engländer sagen, welche es verstehen, die momentanen Faktoren auszunützen, sind viel leichter durchzubringen.

Allerdings wird Niemand leugnen, dass nicht sozusagen in grossen Zügen das Volk seine Wünsche äussern, seine Willensmeinung kundgeben könne.

Bei voller Wahrung der Loyalität gegen den Herrscher und dessen Familie, ist noch das Gefühl im ungarischen Volke lebendig, dass es die Existenzbedingung eines Staates sei, seine Lebensinteressen selbstständig zu wahren, in seiner organischen Entwicklung nicht gestört zu werden. Ein Volk kann den Krieg und umgekehrt kann es auch den Frieden wünschen. Aehnliche Entscheidungen können und sind auch schon durch Plebiscite gefällt worden. Die Franzosen erklärten durch Plebiscite zweimal, dass sie Napoleon zum Kaiser haben, die Venezianer, dass sie zum vereinigten Italien gehören und Viktor Emanuel zum König haben wollten. Allein das ist doch sonnenklar: solche Willensäusserungen in grossen Zügen einerseits und die *permanente*, sich ins *Detail erstreckende, legislatorische* Thätigkeit andererseits, welche die Parlamente erfüllen sollen, sind doch *grundverschiedene* Dinge. Nun erklären wir es rund heraus für eine arge Täuschung, wenn man annehmen sollte, dass das Parlament zu dieser Thätigkeit wirklich die Wurzeln im Volke habe, oder überhaupt bei dem gegenwärtigen Zustande, in welchem sich die Gesellschaft befinde oder bei dem gegenwärtigen Repräsentativsystem, auch nur haben könne.

Wenn Jemand einen Bekannten mit der „Kommission" beauftragt, einen Einkauf für ihn zu besorgen, so wird er ihn gewiss sehr gut instruiren, ja er wird nur einen Freund, einen nähern Bekannten mit einem solchen Auftrag betrauen können, auf den er sich verlassen kann, von welchem er weiss, dass er mit seinem Vertrauen nicht Missbrauch treibt u. s. w. Und doch weiss man, dass in der Regel solche Kommissionen *nicht* zur Zufriedenheit besorgt werden. Einen Mitbürger zu beauftragen, für das allgemeine Wohl zu sorgen, ist eine *ungleich ernstere und schwierigere* Sache. Ja, hiebei wird eigentlich der Wille des Wählers auf den Gewählten übertragen. Hiebei ist sogar noch etwas anderes der Fall. Es handelt sich darum, den *Willen von Vielen*, von vielen Tausenden, auf einen Menschen zu übertragen. Wir haben an anderer Stelle ausführlicher als es hier möglich wäre,*) nachgewiesen, dass der „pensionirte Militärsmann", der „Rentner", der „Kaufmann" der „Beamte", der Gewerbsmann, der Bauer, der städt. Arbeiter, sich ein ziemlich verschiedenes Bild davon machen, was sie vom Staate wünschen und was sie überhaupt zu wünschen berechtigt seien; inwieferne sie überhaupt bemüht sind, sich ein mehr oder minder klares Bild zu gestalten.

Die Ansichten, die Velleitäten kreuzen sich, gehen zum Theil in verschiedenen Windrichtungen auseinander, wenn man auch den verschiedenen Bildungsgrad, Glauben u. s. w., gar nicht in Berechnung zieht. Es ist nun eine Täuschung, ja sagen wir es kurz heraus, eine Lüge, anzunehmen, es sei Alles in Ordnung, das Wohl des Volkes sei gewahrt. wenn einige hundert oder tausend Menschen an einem Orte zusammenkommen und ihre Stimme für X. oder Y. abgeben.

Wir haben nicht umsonst früher den Ausdruck gebraucht, „*woferne* sich die Betreffenden von dem Staat und dessen Wesen *überhaupt ein klares* Bild machen."

Es wird überall und namentlich in Ungarn viel politisirt. Diejenigen, welche da öffentliche Fragen besprechen sind oft Menschen. die durch ihr ganzes Leben bewiesen haben, dass sie praktischen

---

*) A modern alkotmánytan birálata. (Kritik der modernen Verfassungslehre). Simonyi Iván. Erschienen im Juliheft 1881 der Magyar szemle. (Ungarische Revue). Herausgegeben bei Wilhelm Mehner, Budapest, gegenüber der Universitätskirche.

Verstand besitzen. Oft sind es auch Menschen von Geist, tüchtiger Bildung, und doch bringt man diesen politischen Raisonnements, Reformvorschlägen nicht viel Vertrauen entgegen. Man nennt dieses Politisiren „kannegiessern", man ist geneigt zu witzeln, ob nun die Eifernden auf der Bierbank oder beim grünen Tisch in einem eleganten Klub sitzen.

Man scheint von vorneherein anzunehmen, man werde bei allem guten Willen den Nagel nicht auf den Kopf treffen. Sollten wir hier nicht wiederum einem instinktiven Gefühle begegnen, das nicht unrichtig urtheilt? *Die Gesetze, welche gebracht, die Politik, welche in den gesetzgebenden Körperschaften gemacht wurde, sind zum grossen Theile Worte. Paragrafe, Doctrinen, welche sich gut auf dem Papiere ausnehmen, allein sie entsprechen nicht den Bedürfnissen des Volkes.*

Die Gesellschaft ist zerfahren. Es fehlt ihr an den nöthigen Knotenpunkten einer gründlichen Verständigung *über die Politik, welche von den „soidisant-Vertretern" des Volkes gemacht wird, es fehlen die Wurzeln im Volke.* Es fehlt also der wichtigste Faktor, welcher das Denken und Fühlen, die Privatinteressen, mit der Thätigkeit des Parlamentes verbinden würde. Es fehlt der Wählerschaft der Anlass und Boden, um selbst über ihre wichtigsten Interessen und mehr noch über das „*Wie*" in gründlicher Weise klar zu sehen. Es gibt allerdings Velleitäten, man sieht ein, dass es ein Uebel ist, wenn sich die Menschen gegenseitig abschlachten, man will die

Demokratie verwirklichen, allein über das Wie herrscht Wirrwarr, zum Theil auch ganz unrichtige Ansichten.

Ein Beispiel diene für Viele. Nehmen wir an, die Mehrheit des Landes würde sich bei aller Wahrung der Loyalität für die Selbstständigkeit Ungarns aussprechen und, was durchaus nicht dasselbe ist, der Wunsch würde in Erfüllung gehen. Das Parlament würde nun in dem selbstständigen Ungarn tagen. Wir nehmen absichtlich eine Frage, welche uns vielleicht unter allen die geläufigste ist. Es ist jene, dass die stehenden Heere dem Volke Lasten auferlegen. Es existirt kaum eine Frage, über welche so viel „gekannegiessert" würde, wie über diese. Und doch, es sind eigentlich nur wenige, welche wissen, dass das „Volk in Waffen" eine totale Umgestaltung des Unterrichts- und Erziehungswesens zur Grundbedingung hat, z. B. sich mit der Freiheit des Unterrichts, einer Lieblingsthese mancher sich liberal nennender Politiker, nicht vertragen würde. Noch geringer dürfte die Anzahl Jener sein, welche wissen, dass das Volk in Waffen eine Art militärischer Organisation voraussetzt, ja sogar weitgehende *sociale Reformen*, welcher das Alterthum freilich nicht bedurfte, weil ja dort die Sklaven alle schweren, mühsamen, schmutzigen Arbeiten verrichteten und den Freien Zeit liessen, zur Kriegstüchtigkeit erzogen zu werden, dieselbe zu üben und die Kriege zu führen.

Es wäre nicht schwer nachzuweisen, dass es mit den wichtigsten Fragen, der *Besteuerung*, ob Ein-

kammer- oder Zweikammersystem, der Frage der *Wahlreform* u. s. w. sich eben so verhält, wie wir es bei der Abschaffung über die stehenden Heere gezeigt haben, ja was überhaupt diese und ähnlichen Fragen betrifft, so ist gewiss viel Geist, viel Scharfsinn, manche Wahrheit ins Feld geführt worden. Allein den Erfolg aller dieser Vorschläge gestatte man uns durch einen Vergleich zu schildern.

Nehmen wir an, es fährt Jemand zu Wagen gut bepackt auf der Landstrasse. Er glaubt nach Budapest zu fahren, doch ist er diesbezüglich im Irrthum, denn er befindet sich auf dem Wege nach Petersburg. Er sorgt nun dafür, dass die Pferde zur regelmässigen Zeit ihr Futter bekommen und untersucht, ob Axe, Räder intakt sind. Wie man sieht, lauter ganz richtige Massnahmen. Und doch nützen ihm diese Alle nichts, denn Er kommt doch nicht nach Budapest. So geht es den meisten Politikern von heutzutage. Der Geist, der Scharfsinn, der gute Wille nützt ihnen nichts, *denn die Prämisse, von welcher sie ausgehen, die Wege, die sie wandeln, sind falsche* und unrichtige, die Annahme, es genüge, wenn die Menschen in einigen Wählerversammlungen zusammenkommen, durch „Kortesche" (bezahlte oder nicht bezahlte?) bearbeitet werden, Programmreden anhören und dann ihre Stimmen abgeben, und die Volksvertretung sei dadurch zu Wahrheit geworden, ist *eine Lüge und eine Täuschung*. Und hierüber nützt kein Disputiren und kein Raisoniren. Das hier Gesagte bildet natürlich noch lange nicht den einzigen Mangel unseres Parlamentarismus.

Doch kann ich diese Vorrede nicht schliessen, ohne wenigstens eines grossen Mangels kurz zu erwähnen, der freilich so auffallend ist, dass man sich nicht genug wundern kann, wie kluge, hochgebildete, geistreiche Leute denselben nicht bemerken. Man nehme nochmals an, das Programm der Unabhängigkeitspartei würde eine grosse Majorität erreichen oder mit andern Worten, es würde der, jedenfalls aussergewöhnliche Fall eintreten, dass die Pression und Macht der Regierung an dem Muth, an der Willensäusserung des Volkes Schiffbruch leiden würde. (Der Umstand, dass sich die Regierung seit Jahrzehnten ihre Majorität „macht," ist ja auch eine köstliche Illustration unseres Parlamentarismus!) Nun entsteht jedoch die folgende Frage: Welche Garantien haben wir, dass der Wille des Volkes auch wirklich durchgeführt wird? Man wird das Budget verweigern, wenn die Krone nicht einwilligen sollte. Man wird den Reichstag auflösen, Neuwahlen ausschreiben. Das Resultat der Wahlen wird dasselbe sein. Man wird ein *Provisorium* schaffen, das Volk wird *passiven* Widerstand leisten. Man wird den Renitenten Militäreinquartirung beilegen. Das Volk wird *aktiven* Widerstand leisten. Schliesslich wird der Säbel entscheiden. Dass er vis-à-vis einer undisziplinirten, zusammenhanglosen Masse sehr leichtes Spiel hat, brauchen wir nicht erst zu beweisen. *Dieser Prozess ist die Geschichte des modernen Parlamentarismus.* (England hat bekanntermassen keine *moderne* Verfassung).

Mit einem Wort: die Wählerschaft, die wählende

Körperschaft und mit ihr der ganze Parlamentarismus steht auf keiner realen Macht-Basis.

Man wird mir folgenden Einwand machen: Die Umgestaltung der ständigen Verfassung, das durchgeführte Prinzip der Gleichheit, die Einführung des Parlamentarismus mit Allem, was damit zusammenhängt, wie das freie Wort, die Presse, *geschah doch im Interesse der Freiheit;* willst du diese rückgängig machen?

Man gestatte uns die Antwort, welche wir wiederholt und auch bei Gelegenheit der agrarischen Rede gegeben haben, kurz zu wiederholen. Die Errungenschaften der Neuzeit waren ein grosses Werk, sie erforderten einen schweren Kampf, sie erforderten das Opfer unserer besten Männer. Die That musste geschehen. Allein sie war blos eine *negative* That. Durch die Auflösung des politischen und gesellschaftlichen Organismus trat ein Zustand ein, den man den *Individualismus* in politischer und socialer Beziehung nennen kann; d. h. jedes Individuum wurde zu einem unabhängigen *Atome,* das allein auf seine eigene Kraft angewiesen war.

Allerdings *könnte* man die Frage stellen: Wäre es nicht möglich gewesen, die alte Organisation in eine solche umzugestalten, welche auf dem Prinzipe der Gleichheit basirte? Man *könnte* die Frage stellen: War die Auflösung in die Atome unbedingt nöthig, bevor man zu einem Neubau schritt? Es ist möglich, dass man die Antwort geben wird: die Auflösung musste erfolgen, bevor man an Neugebilde denken konnte; nur auf diese Weise konnte man die alten Zustände loswerden. Es ist hier nicht der Raum hierüber Betrachtungen anzustellen. Der Grundirrthum besteht darin, dass man jetzt noch nicht weiss, dass die Auflösung nur die negative, die halbe Arbeit, der geschaffene Zustand nur eine Krisis, nur ein Uebergangsstadium sein kann. Man weiss dies heute noch nicht und natürlicherweise wusste man es noch weniger in dem Siegestaumel der Begeisterung, obwohl die Völker diesen Siegestaumel jedes Mal schwer zu büssen hatten. *Jedesmal folgt der Revolution die Reaktion* und die Gewalt auf dem Fusse nach. Das Volk war wohl im Stande in einem raschen begeisterten Anlauf zu siegen, allein es hörte sogleich auf, eine permanente Macht zu sein. Das atomisirte Volk ward machtlos. Jeder Cäsar hatte mit einer Handvoll Soldaten leichtes Spiel, um dieses atomisirte Volk zu Paaren zu treiben. Allerdings boten die neuen Zustände, (im Falle nämlich kein Cäsar kam,) Bahn zu weiterm Fortschreiten. Doch folgte hieraus durchaus nicht, dass blos die Sonne der Freiheit genüge, *dass dieser Fortschritt im Sinne des Guten und des Volkswohles erfolgen müsse,* wie manche Politiker noch heute annehmen. Hatte man doch gewisse Machtfaktoren aus der frühern Zeit herüber genommen, wie z. B. das stehende Heer, hatten sich doch andere wie z. B. jene des Kapitales als eine Folge der neuen Zustände gebildet. Allein diese Machtfaktoren, die neuen Gebilde, waren sie vielleicht die Ideale, für welche die Männer der neuen Zeit gewirkt und geblutet hatten?

Stellen wir einmal die Frage: Welche Faktoren sind es, die in der gegenwärtigen Zeit Herrschaft ausüben oder zur Herrschaft gelangt sind? Man gestatte hier wenigstens eine kurze, fragmentarische Antwort. Eine Macht ist die *Autorität der Krone* und zwar nicht allein deshalb, weil sie über das stehende Heer verfügt. Die Macht der Krone beruht darin, weil das Volk instinktiv ein Zentrum der Macht haben will. Dieses Gefühl wurzelt in Wahrheit viel tiefer, als manche Politiker anzunehmen scheinen.

Ein Machtfaktor ist das *stehende Heer*, überhaupt eine Armee. Dieser Satz bedarf wohl keines Beweises. Diese Faktoren sind theilweise noch aus der frühern Zeit auf uns überkommen. Doch ist es andererseits karakteristisch genug für die „Impotenz" des modernen Systemes, dass das Institut der stehenden Heere nicht *nur trotz, sondern unter* der Herrschaft des modernen Schwindelparlamentarismus immer grösser und grösser geworden ist, also als ein Erzeugniss der neuen Zeit betrachtet werden muss.

Ein Machtfaktor der neuen Zeit ist das *bewegliche Kapital*. Seine grosse Herrschaft ist eine Folge des volkswirthschaftlichen, in zweiter Reihe des politischen und gesellschaftlichen Individualismus.

Eine Macht ist jede Vereinigung von Menschen, welche solidarisch handeln. Natürlich muss das Band, welches sie einigt, *etwas anderes und zugleich mächtiger* sein, als jene Momente, durch welche alle möglichen modernen Vereine und politischen Parteien, lose genug, geeinigt zu sein scheinen.

Ein Machtfaktor ist die *Spekulation*, weil sie ein Mittel ist, um zu dem noch mächtigern Herrn, dem Kapital, zu gelangen.

Sie schöpft und gründet ihre besten Erfolge aus dem und auf das Prinzip des laisser aller, laisser faire, auf das Prinzip, den Dingen nach Möglichkeit freien Lauf zu lassen.

Eine Macht ist der *Glaube*. Eine Macht ist das Gefühl der *Nationalität*.

Eine Macht ist die *öffentliche Meinung*. Was Volk und Gesellschaft für gut hält, oder besser gesagt, was Lob erntet, Beifall findet. Die öffentliche Meinung wird natürlich im Volk umso schwankender und ungesünder, jemehr das Ideal, das sittliche Bewusstsein schwindet, jemehr das Volk in den Zustand der Auflösung geräth, dem Byzantinismus verfällt.

Eine Macht ist die *Presse* und zwar eine sehr bedeutende, weil sie auf die öffentliche Meinung bestimmenden Einfluss ausübt. Man lernt und weiss jetzt allerdings mehr als in der guten alten Zeit. Allein eben das Zeitungswesen hat, bei aller Wichtigkeit, welche es besitzt, einen Nachtheil mit sich gebracht, der gleichfalls im gewöhnlichen Leben nicht genug beachtet wird. Millionen von Menschen sind gewohnt, täglich eine Zeitung flüchtig zu lesen. Nun ist es allerdings sehr bequem, in meist pikanter Form sich über die Tagesereignisse, das was geschehen soll u. s. w. belehren zu lassen. Allein diese bequeme Art trägt wesentlich dazu bei, sich das selbstständige Nachdenken abzugewöhnen, wozu die materiellen Sorgen, und die hastige Tagesarbeit ohnedies nicht viel Musse lässt und auch nicht immer Anregung bietet. *Es ist sicher, dass unsere Politiker und Staatslenker nicht die richtigen Begriffe von der Macht der Presse haben.* Diese Macht, deren eigentliche Tragweite und Grenze, die Frage, was die Presse erreichen kann, was nicht, und in welchen Fällen, — kennt eigentlich am besten zumeist der Journalist selbst, weil ihm seine Beschäftigung, seine täglichen Erfahrungen so manchen Blick hinter die Koulissen, auf die eigentlichen Motive der öffentlichen oder gesellschaftlichen Zustände gestatten, von welchen der Zeitungs*leser* oft gar keine Ahnung hat. Es ist sicher, dass unsere Staatsmänner, eigentlich keinen richtigen Begriff von der Tragweite und Macht der Presse haben. Es wäre sonst ganz undenkbar, wie diese Herren ruhig zusehen konnten, *dass sozusagen 99 Perzent der Presse und sogar die offiziöse und offizielle, also sogar die aus den Steuergulden der Bürger subventionirte Presse in Judenhänden ist und ausschliesslich in jüdischem Interesse und jüdischem Geiste redigirt wird.* Denn zugegeben, sie schwärmten für die Juden, deren Politik, Richtung u. s. w., selbst dann würde die einfache Klugheit fordern, einen so mächtigen Faktor der Gegenwart nicht beinahe ausschliesslich in den Händen einer Klasse zu lassen, welche bekanntlich in Wahrung ihrer Interessen und ihres Vortheiles weder ungeschickt, noch blöde ist. Da nun die Minister ihren Machtkreis sonst gut zu wahren verstehen, so ist diese Erscheinung nur dadurch erklärlich, dass sie bei den vielen zeitraubenden, unnützen Agenden des modernen Parlamentarismus, von dem äussern Schein gleichfalls getäuscht, der dieser ganzen Institution anhaftet, nicht einmal Zeit gehabt haben. sich mit dem Wesen der Publizistik gründlich zu befassen, trotzdem deren Treiben ihnen doch so nahe liegt. Nur so ist es erklärlich, dass die Minister es vielleicht selbst nicht merken, wie durchaus nicht *sie* es sind, welche die Presse handhaben und regeln, sondern umgekehrt *sie selbst es sind, die unter dem Einflusse, unter der Pression der Presse stehen.*

Eine Macht ist der *Sozialismus,* der nichts anderes ist, als eine Reaktion gegen Schäden des Kapitalismus und unsere haltlosen, politischen Zustände überhaupt. Er ist naturgemäss antijüdisch, inwieferne er Positives anstrebt. Doch wird er von der Judenschaft nicht ungerne gesehen, jemehr er blos auflösend wirkt.

Es ist erwiesen, dass in dem Nihilismus, der bekanntlich *nur* auflöst, jedes Band, jede Autorität erschüttern will, die Juden die Hand im Spiele haben.

Wenn man von den Faktoren spricht, welche die menschliche Gesellschaft gestalten, muss auch der *negativen* Erwähnung geschehen. So ist z. B. die *Korruption* und deren Zunahme eine Macht. freilich eine zersetzende, auflösende. Und wir können alle jene Männer, welche es mit dem Vaterlande. mit der Demokratie, mit der Freiheit ehrlich meinen. nur bitten, sich mit den Ursachen dieser Erscheinung und deren Zusammenhange mit den übrigen gesellschaftlichen Zuständen gründlich zu befassen. Es ist wahr, insbesondere was die Mittel- und höheren Stände betrifft, so müssen sie jetzt entschieden eine viel „grössere Summe von Arbeitskraft", Intelligenz und Vorsicht ins Feld führen, um im Kampfe ums Dasein bestehen zu können. Und doch, wenn ältere Leute klagen, es sei früher „anständiger zugegangen", „Treue und Glauben schwinde immer mehr", der „Schwindel dringe in immer weitere Kreise", — so ist ihre Klage vollkommen richtig. Wenn die untern Klassen gegen die obern Misstrauen hegen, gegebenen Falles z. B. voraussetzen, die obern Klassen seien von den Juden gekauft u. s. w., so mag dieser Verdacht den Einzelnen sehr ungerecht treffen, der von Sorgen durchaus nicht frei ist, der seine ganze Kraft aufbieten muss, um in dem Kampfe ums Leben nicht unterzusinken. Und doch hat dieses Misstrauen leider seine Gründe. *Die Korruption ist eine nothwendige logische Folge des volkswirthschaftlichen und gesellschaftlichen Individualismus.* Das Individuum führt den Kampf ums Dasein. Doch *gehört der Sieg nicht der Kraft* im eigentlichen Sinne, sondern derjenige, der mit mehr Kapital auf dem Markte erscheint, und der schlauer, zugleich rücksichtsloser auftritt, dem gehört die Palme. (Man gestatte uns diesbezüglich wiederholt auf unsern bereits erwähnten Essay: A modern alkotmánytan birálata, Magyar szemle, 1881 hinzuweisen.)

Eine Macht bilden die *Juden* und zwar in viel bedeutenderem Maasse als die Politiker von Profession es zu wissen scheinen. Eine Macht bilden sie, in erster Reihe, *weil sie solidarisch* sind. Ihre Solidarität ist die Folge ihrer Religions- und Rasseneinheit. Ich will mich nicht darüber des weitern auslassen, ob die Juden selbst unfähig waren, sich mit andern Völkern zu assimiliren oder ob die andern Völker sich gegen diese Assimilation gewehrt haben. Dagegen muss angenommen werden, dass der Druck früherer Jahrhunderte, die Macht welche sie gegenwärtig rasch erlangt haben, ihre Solidarität festigte. Uebrigens ist die Ansicht der Juden selbst über diesen Punkt verschieden. Reb Hillel, ein orthodoxer und noch lebender Jude, der ausserordentliche Verehrung im jüdischen Volke geniesst, eifert nämlich unablässig dafür, *dass nur Druck und Verfolgung die Judenschaft zusammenhalten könne.*

Diese Solidarität würde den Juden schon in Folge ihrer Intelligenz, Rührigkeit, Klugheit und Rücksichtslosigkeit ein bedeutendes Maass von Macht sichern. Der Umstand, dass sie eben über die *hervorragendsten modernen Machtmittel* verfügen (z. B. dass das Kapital grösstentheils in ihren Händen ist, dass sie Virtuosen der Spekulation sind), sichert ihnen dominirenden Einfluss in der Gegenwart und im Falle das gegenwärtige System bestehen bleibt. *eine Art absoluter Herrschaft in der Zukunft.*

Wie wir wissen, waren die Juden klug genug, ebenso in Ungarn wie anderswo, sich in den Besitz aller Machtmittel zu setzen, welche ihnen nur zugänglich waren. In ihren Händen befinden sich beinahe alle *Kreditanstalten,* in ihren Händen sind die *Haupt-Dampf-*

Verkehrsanstalten, sie haben sich bei Zeiten beinahe der *gesammten Presse* bemächtigt *und handhaben dieselbe mit dem grössten Raffinement, der grössten Geschicklichkeit zur Befestigung und Erweiterung ihrer Herrschaft*. Es geschieht dies mit um so grösserem Erfolg, als einfache sowie hochgestellte Männer dies nicht sehen oder Grund zu haben glauben, dies nicht offen eingestehen zu dürfen. Je hohler die Politik irgendwo, je weniger Wurzel Gesetz und Parlament im Volke haben, desto furchtbarer muss die Macht der Juden werden. Wir fragen alle Semiten und Antisemiten: sie mögen uns aufrichtig und ehrlich antworten, *ob die Juden in Ungarn nicht ungleich mächtiger sind als das Parlament;* obwohl nach dem Paragraphe und auf dem Papiere das Parlament und die Ministerien als die Regierung des Landes figuriren. Und ein Jeder, der nicht etwa, „vor der Doktrine" das Leben nicht sieht, der einen Blick „hinter die Koulissen" geworfen, weiss auch sehr genau, dass die Macht der Judenschaft in Ungarn und auch in vielen andern Ländern, wenn auch nicht in Paragraphe gefasst, so doch ausser Vergleich grösser ist als jene der gesetzgebenden Körperschaften.

Der Sozialismus, in wieferne er sich blos auf den *Kreis einer Arbeiterpartei beschränkt,* ist allerdings vorzugsweise ein *Gegenpol des Kapitalismus*. Nun hat jedoch die Benennung Sozialismus diese engen Grenzen schon lange überschritten. Es bezeichnen sich mit diesem Namen Parteien in Deutschland, denen nichts ferner liegt, als z. B. die Abschaffung des Privatkapitals.

Eine Reihe ausgezeichneter Männer hat dort erkannt, dass ganz andere Mächte den Gang der Gesellschaft bestimmen, als die „Dreitheilung" der Staatsgewalten des Aristoteles, Locke, Montesquieu oder Arends. Wenn auch zum Theil auf ganz verschiedenen Standpunkten stehend, haben sie uns mit wichtigen Forschungen und Errungenschaften über das wahre Wesen und die Gesetze der menschlichen Gesellschaft bereichert. Es sei hier, wenn auch nur flüchtig gestattet auf die Namen: Karl Vollgraff, Marlo (Winkelblech), Winter, (welcher die Idee der Gruppenvertretung zuerst verfocht; wenn ich auch einigen Forderungen des scharfblickenden Autors nicht beipflichten kann, — er will z. B. das Reichsoberhaupt gewählt wissen u. s. w.) Lorenz v. Stein, Eberhard Schäffle, Konstantin Frantz, Rodbertus, Bucher, Karl Br. v. Vogelsang und Andere zu erinnern, wobei wir auf die jüngern sowie jene, welche direkt im sozialdemokratischen Lager wirken, keine Rücksicht nehmen. Wir Ungarn rühmen uns unserer staatenbildenden Kraft! Wir pflegen auszurufen: Wenn wir 40 Millionen zählten, wie die Deutschen, und nicht die Schutzwehr für Europa gegen den Halbmond, die Tartaren und Mongolen hätten abgeben müssen, wie stünden wir heute da? Ich kenne in Ungarn selbst Abgeordnete, welche bei dem Worte Sozialismus an nichts anderes denken, als an einen „verlumpten Kerl", der die „Petroleumfackel schwingt". Und doch ist der Begriff Sozialismus in weiterem Sinne nichts anderes, als die *Kenntniss der Gesetze, welche die menschliche Gesellschaft regeln und das Bestreben, in die Zustände der mensch-*

lichen Gesellschaft Vernunft und Billigkeit zu bringen, gewaltsame Erschütterungen hintanzuhalten. Der Sozialismus, oder die Soziologie, wie sie John Stuart Mill und Spencer nennen, wäre *also die Wissenschaft von der menschlichen Gesellschaft*, jene Wissenschaft, welche schon Comte im ersten Drittel unseres Jahrhunderts forderte und an die Spitze der Hierarchie der Wissenschaften stellen wollte. *Dass ohne die Kenntniss dieser Wissenschaft die Politik eine machtlose Form und irrthümlich sein muss*, braucht wohl nicht bewiesen zu werden. Wie sehr sind uns nun die Deutschen, trotz ihrem politischen Malheur der frühern Zeit, doch gerade in diesem Punkte voraus; während wir, trotz unserer politischen Eigenschaften, trotz des guten Kernes des Volkes, uns in der alten „Tretmühle" mühen, „Paragraphe über Paragraphe fabriciren", dieselben mit wahrhaft „glänzenden Reden" vertheidigen, und doch nicht einmal wissen, wie wir den Anfang machen sollen, um unsere moralische und finanzielle Dekadenz aufzuhalten. Es ist allerdings wahr, in Ungarn nehmen getaufte und nicht getaufte Juden in der Literatur, in der Jurisprudenz, in dem Lehrfache, — von der Publizistik gar nicht zu sprechen, — eine hervorragende Stellung ein. Bekanntlich verstehen sie es trefflich, ihren Fähigkeiten Geltung zu verschaffen. Ebensowenig fällt uns bei, ihren Geist, ihr Geschick leugnen oder verkleinern zu wollen. Wessen Einfluss es übrigens, wenigstens zum grossen Theil, mit zuzuschreiben ist, dass gerade wir in Ungarn, in jenem Land, welches wir stolz als den „Hort der Freiheit" und der „Selbstregierung" preisen, dazu gekommen sind, unsere besten Kräfte in einer nutzlosen Sisyphusarbeit zu erschöpfen, das zu errathen, überlassen wir dem geehrten Leser.

Der Antisemitismus ist nun allerdings eine Gegnerschaft gegen die Juden oder besser gesagt, *gegen die Herrschaft der Juden, und soll es auch sein.* Allein diejenigen, die in dem Antisemitismus gar nichts anderes sehen würden als die Feindschaft gegen die Juden, würden ebenso am Holzwege sein, als sich so manche unserer phrasenreichen Politiker, Finanzkünstler, Publizisten u. s. w. auf dem Holzwege befinden.

Der Antisemitismus ist eine Reaktion oder Auflehnung gegen die Auswüchse und Schäden des Kapitalismus; er ist eine Reaktion oder Auflehnung gegen den gesellschaftlichen und volkswirthschaftlichen Individualismus, ebenso gegen den hohlen, politischen Formalismus als gegen die um sich greifende Korrupzion. Der Hass richtete sich, ja muss sich naturgemäss gegen die Juden richten; denn diese sind es ja, welche die gegenwärtigen Zustände, weil sie ihnen Macht und grosse Vortheile in den Schoss legten, um jeden Preis, mit allen Mitteln und allem Raffinement zu erhalten suchen. Die Juden machen sich also selbst zu Sündenböcken aller Schäden der Zeit. Dass eine fremde Rasse, welche überhaupt nicht mit sympathischen Augen angesehen wurde, zu so grosser Macht und Ansehen gelangt ist, der Umstand, dass die Juden und zwar mit grösster Zähigkeit an ihrer Macht festhalten, sie zu vergrössern suchen und doch nach ihrer bisherigen Taktik zu feige sind, dies einzugestehen, dass also in ihrem

Vorgehen sich *Feigheit mit massloser Frechheit* die Hände reichen, — ist nicht geeignet, die Sympathie zu ihnen zu steigern. *Die Judenfrage ist keine religiöse, auch keine eigentliche Rassen- sondern eine eminent soziale und politische Frage. Auch eine Machtfrage kann sie genannt werden,* nämlich eine Frage, wer in Staat und Gesellschaft die Macht haben soll. Aus diesem Grunde finden sich im antisemitischen Lager grosse Gegensätze beisammen: Sozialdemokraten und Konservative, untere Volksklassen, wohlhabende Bürger, Grossgrundbesitzer und Aristokraten; offene Atheisten wie Dühring und strenggläubige, katholische wie evangelische klerikale Elemente. Alles, was wenn auch auf ganz verschiedenem Boden stehend, gegen die heutigen schwindelhaften Zustände sich auflehnt — die man nicht unrichtig *verjudete Zustände* nennen kann und welche die Juden unverschämt genug sind, als eine „Aera der Freiheit" und des „unerhörten volkswirthschaftlichen Aufschwunges" unter gläubigem Maulaufsperren von so manchem „deutschen" und „ungarischen Michel" zu bezeichnen, — alle diese, wenn auch sonst entgegengesetzten Elemente sind einig in dem Ziele, nämlich im Kampfe gegen die Juden. Die Wurzeln des Antisemitismus liegen also tief. — Es mag auch etwas Neid mit im Spiele sein. Ich will dies nicht gerade behaupten, doch wenigstens zugeben. Allein der Neid ist durchaus nicht der Hauptfaktor dieser Bewegung. Sie ist eine Reaktion gegen die gegenwärtigen gesellschaftlichen Schäden. Die Herrschaft der Juden hat für alles Nichtjüdische eine *negative, auflösende, zersetzende Wirkung.* Der

Antisemitismus ist in seinem Wesen der Wunsch und das Bestreben nach *positiver Konsolidirung, Sanirung.* Der Kern des Antisemitismus ist daher ein gesunder. Darum ist der Antisemitismus auch viel mächtiger als es gewisse höhere Stände, deren Gedanken, Dank dem dreissigjährigen Einfluss der jüdischen Presse, sich beinahe ganz und gar in jüdischem Geleise bewegen, annehmen sollten. Er wird manchen Abgeordneten um sein Mandat bringen, der im Herzen der antisemitischen Bewegung recht gibt, doch theils weil er die Tiefe und Tragweite dieser Bewegung nicht kennt, zum Theil aus andern Gründen, sich zum Vertheidiger der Juden macht, oder herumlavirt. Er wird vielleicht Ministerien stürzen, welche bis jetzt allen möglichen parlamentarischen und strategischen Schachzügen Stand gehalten haben. Vergebens und zugleich thöricht ist es, den Antisemitismus durch Gewaltmassregeln, Chikanen oder Vexationen erdrücken zu wollen, wie dies die bisherigen Erfahrungen bereits zur Genüge bewiesen haben. Es ist dies eine Taktik, die sich schwer rächen wird, da sie, anstatt die Bewegung in die gesetzlichen Schranken zu leiten, die Erbitterung steigern muss. Diese Taktik ist umso verhängnissvoller, als sie im Falle der Antisemitismus nicht auf gesetzlichem Wege gelöst wird, dem Sozialismus Boden bereiten muss, einem Sozialismus, der aus verschiedenen Gründen einen andern, aber nur gefährlichern Karakter annehmen wird als anderswo. Einer dieser Gründe ist jener, dass bei uns nicht nur die untern Klassen unzufrieden sind; bei uns sind es noch überdies die Mittelklassen: Edelmann und Bürger, welche in dem Zeitraum einer Generation um ihr Vermögen gebracht, depossedirt worden sind und die nun eine umso grössere Erbitterung in ihrer Brust bergen.

Uebrigens ist der *Antisemitismus auch ein Beweis für die Hohlheit unserer politischen Formen.* Denn wäre es z. B. in der griechischen oder römischen Städterepublik möglich gewesen, dass eine isolirte Klasse, inmitten der Staatsverfassung, trotz der Rechte der Bürger, also der politischen Formen, einen so weit gehenden Einfluss hätte erreichen können, wie ihn die Juden z. B. in Polen, in Ungarn ausüben?

Oder aber nehmen wir an, die Antisemiten hätten Unrecht; es sei nicht wahr, dass die Juden in den Kredit-, Dampfverkehrsanstalten, in der Presse dominirten, es sei nicht wahr, dass sie Einfluss auf die Volkswirthschaft, die nationale Produktion, auf den Wohlstand, die Theuerung und auf die öffentliche Meinung haben! Nehmen wir an, dies Alles sei nicht wahr! Nun dann muss es abermals „ziemlich windig" mit unsern gesellschaftlichen Zuständen, mit unserer Verfassung aussehen, wenn trotz der Strenge und Wachsamkeit der Behörden, trotz der Presse, eine tiefgehende Erbitterung und Gährung nicht zu leugnen ist, sogar zu bedauernswerthen Thätlichkeiten und Ungesetzlichkeiten geführt hat, gegen welche die Regierung keinen andern Rath und keine andere Hilfe weiss, als königl. Komissäre, Standrecht und in Aussicht gestellte z. Th. vollzogene Ausnahmsmassregeln,

Beschränkung der Pressfreiheit und Suspension der Verfassung. Wir waren also so frei einige hervorragende Machtfaktoren, flüchtig aufzuzählen. Der grössere Theil derselben wird allerdings in den Gesetzbüchern gar nicht, oder wenigstens nicht als Faktor der Macht erwähnt. Der grössere Theil derselben figurirt auch nicht als parlamentarische Partei, sie wirken ausser und über dem Parlamente, wenn auch ihre Macht in dem gesetzgebenden Körper deutlich genug zu spüren ist. *Und doch sind es jene Elemente, welche die heutige Gesellschaft beherrschen, welche ihr Thun und Lassen, ja ihre Zukunft bestimmen.*

* * *

Möglich, dass man Folgendes einwenden wird: „Weder das Mittelalter noch das Alterthum kannte eine Wissenschaft von der menschlichen Gesellschaft, das heisst, man fand es nicht für nöthig, nach den Kräften und Mächten zu forschen, welche die menschliche Gesellschaft regieren. Und doch ist Staat, Gesellschaft und Welt nicht aus den Angeln gerathen." Der Grund dieser Erscheinung ist nicht schwer einzusehen. In der frühern Zeit bildete eben die Gesellschaft einen festgefügten, im Wesen der Gesellschaft wurzelnden Organismus. Im Alterthum gab es Freie und Sklaven, im Mittelalter Fürsten von Gottes Gnaden, Bauern, Bürger, Edelleute. Jede Klasse hatte ihre politischen, ihre volkswirthschaftlichen

Agenden. Alles, die Politik, der Broterwerb und der
Glaube, bewegte sich in festgefügten Geleisen. Allerdings hatte diese Organisation ihre grossen Nachtheile. Der Fortschritt war ein äusserst langsamer,
der Organismus stand nicht auf dem Boden der
Gleichheit, allein er war doch ein festgefügter Organismus. Was Kraft und Macht sei, hatte man sehr
unmittelbar vor den Augen. Man hatte also keinen Anlass, es zu suchen. Die Macht der Stände, ebenso die
der zünftigen Bürgerschaft war eine wirkliche Macht.
Der bestehende Organismus bestimmte den Lauf der
Dinge und gab auch eine gewisse Garantie, dass sie
das Geleise nicht verlassen würden. Darum gab es
auch weniger Projekte, Vorschläge. Die Sache hatte
also, wie man sieht, ihre Nachtheile, doch auch ihre
Vortheile. *Darum gab es auch keinen Sozialismus im
heutigen Sinn.* Wenn Druck und Schinderei zu arg
wurde, erschlug der Bauer seinen Herrn. Es gab
vereinzelte soziale Aufstände, allein eine permanente
soziale Partei, welche den gesammten staatlichen Ein-
richtungen den Krieg erklärt, die Gesellschaft auf neuer
Basis aufbauen gewollt hätte, gab es nicht. Ebenso
konnte es auch etwas Aehnliches wie die Judenfrage nicht geben. Sobald die Gesellschaft in ihre
Atome aufgelöst wurde, musste der Sozialismus entstehen, welcher gleich nach der ersten Verkündigung
der Menschenrechte unter Babeuf kühn und selbst-
bewusst sein Haupt erhob; gleichwie auch faktisch von
einem der ersten und überzeugungstreuesten Denker
noch in der Kindheit des Parlamentarismus die

Wissenschaft von der menschlichen Gesellschaft gefordert wurde. Nachdem sich die Juden zu Verfechtern der gegenwärtigen Zustände gemacht, nachdem es ihnen gelungen ist, die Krise zu verlängern, sozusagen permanent zu gestalten, musste und muss naturnothwendig der Antisemitismus und die Judenfrage entstehen. Die Sache wird sich nun in derselben Weise in rücklaufender Linie abspielen. Gelingt es nicht, die Judenfrage in gesetzlicher Weise zu lösen, gelingt der positive Aufbau, die Konsolidirung der Gesellschaft auf der Basis der Freiheit nicht, (wie der Leser weiss, verstehen wir darunter nicht die Utopien des Sozialismus und Kommunismus,) so steht uns dreierlei bevor: Einestheils die Weltherrschaft der Juden, anderstheils ein Marasmus und Verfall alles Bessern, gegen welchen die spätrömische und spätgriechische Zeit noch als Musterbild klassischer Tugenden gelten wird; endlich eine soziale Revolution, gegen welche die Zerstörung Roms durch die Vandalen, Schreckensherrschaft und Kommune unschuldige, idyllische Schauspiele waren. Das sind nicht blosse Phantasiebilder der Zukunft!*) Man blicke doch um sich, und wer, dessen

---

*) Wenn Jemand, so hat Schreiber dieses keinen Grund zu irgend einer *persönlichen Animosität* gegen die Juden. Ich habe als Sprosse einer sogenannten „Komitatenser-Familie" das Kunststück zusammengebracht, ein politisches Tageblatt zu gründen und die mächtige jüdische Konkurrenz zu besiegen. Als Eigenthümer und Redakteur hatte ich sogar genug Gelegenheit die guten Eigenschaften der Juden, ihre Intelligenz, ihre Ambition und Zähigkeit bei Erreichung eines festgesetzten Zieles, ihr Geschick, ihre Rührigkeit kennen zu lernen. Man gestatte mir diese „Selbstreklame",

Herz nicht verfault, dessen Gehirn nicht vertrocknet ist, wird nicht die Zeichen erkennen, welche uns bangen Herzens die Frage aufzwingen: *Wohin treiben wir?* Glauben die Ideologen, Doktrinäre und die ehrlichen Demokraten, dass Moralpredigten, Leitartikel oder fromme Wünsche an dem Lauf der Dinge etwas ändern werden? Wird die Judenfrage nicht in gesetzlicher Weise gelöst, wird sie vertuscht, todtgeschwiegen, durch Geld verkleistert, durch die Regierung, wie dies jetzt versucht wird, erstickt und erdrückt, so steht uns die soziale Revolution mit grösserer Sicherheit bevor, als die Nacht auf den Tag folgen muss. Was verursacht die soziale Unzufriedenheit? Die frühern Organismen hatten in das „Lebenkönnen", Brot verdienen, doch etwas Hand und Fuss gebracht. Der Grundherr sorgte für seinen Bauer, weil er ihm die Arbeitskraft repräsentirte, der Geselle sass am Tische des Meisters. Nach Auflösung dieser Organismen war das seelenlose Geld der Herr, der Mensch eine Maschine, die gleich einer Waare nach Angebot und Nachfrage und den Konjunkturen der Börse taxirt wurde, das Individium wurde isolirt, die Verfassung eine impotente Schablone. Leistung und

---

wenn man es so heissen will. Das Hauptargument der Juden ist ja stets: nur die Unfähigkeit mit ihnen zu konkurriren und der dadurch erregte Neid verursache die Judenfrage. Andererseits wird der geehrte Leser mir vielleicht Glauben schenken, dass der Redakteur eines politischen Tagblattes, welches mehr Verbreitung besitzt, wie viele hauptstädtische Blätter, keine Zeit habe, Utopien auszuhecken, über neue Doktrinen zu grübeln, sondern dass meine Ansicht doch einigermassen aus dem wirklichen Leben geschöpft sein dürfte.

Karakter galten immer weniger, das Proletariat wurde immer grösser. Was thut nun die Judenherrschaft? Sie treibt diese Kalamitäten auf die Spitze, sie verschärft diese Zustände bis aufs Aeusserste. Geld und Erfolg werden immer mächtiger, das Vermögen konzentrirt sich mehr und mehr auf gewisse kleinere Kreise, der Pauperismus nimmt immer mehr überhand. Was nun folgen muss, dies zu beurtheilen überlassen wir dem geehrten Leser.

* * *

Die Alchymisten schmolzen feste Stoffe, lösten dieselben, mischten sie in verschiedener Weise durcheinander; da sie glaubten, dass sie durch unzählige Mischungen und Experimente jene Stoffe finden würden, welche vereinigt das Gold bildeten. Es gelang ihnen bekanntlich nicht, Gold zu machen. Und obwohl grosse Summen an Geld, noch grössere an Zeit und Arbeit durch Jahrhunderte auf diese Versuche verwendet wurden, so waren sie doch nutzlose. Man kannte die Elemente der Körper damals noch *nicht*, man kannte die chemische Wahlverwandschaft derselben *nicht*, bei den Experimenten fehlte Plan und Ziel. Nur zufällig geschah es mitunter, dass bei dem vielen Pantschen und Manschen, wie gesagt ganz zufällig eine chemische Mischung entstand, welche brauchbar war. So wurde bei dem Versuche Gold zu machen, zufällig das Glaubersalz entdeckt. Auch die Entdeckung des Schiesspulvers soll einem solchen

Zufalle, bei dem Bestreben Gold zu machen, zu verdanken sein. Das Thun und Lassen der modernen Politiker, ja der Zustand der modernen Gesellschaft erinnert an das Treiben der Alchymisten. Man hat die bestehenden gesellschaftlichen Gebilde und Organismen aufgelöst. Jedes Individuum bildet, wie wir bereits gesagt haben, ein losgelöstes Atom. Man überliess nun dieses Chaos dem Zufall. Die modernen Politiker, Staatslenker, Abgeordneten und Publizisten machen es wie die Alchymisten. Gleichwie die Goldsucher das Gold, suchen sie das Volkswohl zu fördern. Allein man erforschte nicht die Natur dieser Atome, man frug nicht, welche Neigung sie besitzen, um diese oder jene Gebilde einzugehen. Ja, die modernen Politiker stehen eigentlich auf einer noch tiefern Stufe als die Alchymisten der frühern Jahrhunderte. Diese glaubten, es müsse einmal eine Mischung entstehen, welche Gold bilde, nahmen wenigstens der Reihe nach beinahe alle Stoffe der Welt und erwarteten vom Schmelzofen das Gelingen ihres Projektes. Die modernen Politiker machten es sich eigentlich noch viel bequemer. Sie liessen das Chaos Chaos sein, und wiegten sich in dem bequemen Glauben, es genüge, wenn die *Sonne der Freiheit* scheine und das Volkswohl, der gesunde Fortschritt müsse aus dem Chaos erwachsen. Unter der freien Gottessonne spriessen allerdings Blumen, Bäume und Früchte. Doch dieselbe Sonne bescheint auch den Sumpf, dieselben Sonnenstrahlen bescheinen auch Körper, welche in Auflösung begriffen sind und bekanntlich tragen Sonnenstrahlen dazu bei, die rasche Fäulniss zu fördern. Die Geschichte bot uns diesbezüglich Erfahrungen, die man nicht zu Rathe zog. (Auch ein Karakteristikon der modernen Politik.) Man hatte Recht, die Freiheit hochzuhalten, in jenem Sinne, dass willkürliche Gewaltakte schlecht und verderblich seien. Man konnte sagen, es sei schlecht, den Menschen zwingen zu wollen, so oder so zu denken, weil es ja keinem Sterblichen gegeben sei, die Wahrheit zu erschöpfen. Allein diese beiden Freiheiten sind doch sehr verschieden und ganz entfernt von jener Freiheit, welche dem Politiker vorschwebt, welche in dem volkswirthschaftlichen oder politischen Individualismus sich präsentirt und gemäss welcher es genügt, in volkswirthschaftlicher, gesellschaftlicher, und politischer Richtung den Dingen freien Lauf zu lassen, die Hände in den Schoss zu legen. Man hatte ja wie bereits gesagt, gewisse Machtfaktoren aus früherer Zeit herüber genommen. Stelle man z. B. die Frage: wird nicht das stehende Heer einer atomisirten Gesellschaft gegenüber viel mächtiger werden, als es einer ständig gegliederten Gesellschaft gegenüber war? Wird nicht das Kapital übermächtig werden, die Börse, die Spekulation, die Produktion, die Konsumption beherrschen? Treiben wir nicht Zuständen entgegen, in welchen das Vermögen sich in immer kleinere Kreise konzentriren wird, denen ein immer grösser werdendes Proletariat gegenüber stehen wird? Wird solches nicht immer Anlass zu immerwährender Gährung und Unzufriedenheit geben und die Ordnung mit Gefahren bedrohen? Ueberhaupt welche Gebilde werden die neuen Atome eingehen? Oder mit andern Worten, welche Mächte werden in dem neuen Zustande die herrschenden sein? Wie man weiss, ist es den Politikern gar nicht eingefallen, diese Fragen zu stellen. Welche Garantien hatte man, so müssen wir nochmals fragen, dass die Sonne der Freiheit allein genüge, um das Wohl und Glück nur so von selbst spriessen und grünen zu lassen. „Die Antwort lautet: *gar keine*. Man hatte nicht einmal einen Erfahrungssatz hiefür. Die griechischen und römischen Städterepubliken waren doch das direkte Gegentheil des heutigen Individualismus. Gründlichkeit ist freilich auch nicht Sache des modernen Politikers. Doch wird man sagen, wir haben eine Garantie, den idealen, den frommen Glauben. Nun, der „Dichter soll allerdings mit dem König gehen", allein ein grosser Dichter wäre in den meisten Fällen ein ganz miserabler Regent. Höchstens Taschendiebe und Intriguants würden sich über den Wirrwarr freuen, der zweifelsohne unter solchem Szepter hereinbrechen würde. Nun, die Politik ist eine sehr reale Sache, und mit frommen Wünschen treibt man noch nicht Politik. Unseren modernen Politikern ist es noch weniger als den Alchymisten geglückt, Gold zu machen. Der Zufall hat sie nicht einmal damit beglückt, das Schiesspulver zu erfinden. Verpufft wurde allerdings eben in neuester Zeit sehr viel davon, was abermals nur auf die Impotenz der modernen Politik hinwies. Denn eben zur Zeit, wo die Politiker für den Frieden plaidirten, gegen die stehenden Heere eiferten, wurde der Militarismus immer mächtiger, sann man auf immer raffinirtere Mordinstrumente und in einer Schlacht fielen mehr Menschen, als früher in langjährigen Feldzügen gefallen waren.

* * *

Ganz anders die Juden. Die neue Zeit hat ihnen die Herrschaft in den Schoss geworfen. Sie hat das *Kapital* zum mächtigen Herrscher gemacht und die Juden waren schon seit jeher im Besitze desselben. Die *Spekulation* wurde zur rentabelsten Art des Gelderwerbes. Hundertmal rentabler als Ackerbau, Gewerbe, physische oder geistige Arbeit. Die Juden waren von jeher Virtuosen der Spekulation. Endlich stehen die Juden der aufgelösten Gesellschaft gleich einer *geschlossenen Phalanx* gegenüber. Es ist also nur eine natürliche Folge, dass sie herrschen müssen, ja dass ihre Herrschaft in der Zukunft zunehmen muss. Sie schmeicheln dem Schlagworte von der „Freiheit, welche am besten durch die Freiheit gewahrt" werde und andern ähnlichen, zum Theil irrthümlichen „Schlagern", weil sie sehr genau wissen, dass ihnen Diess die Herrschaft sichere. Den Juden liegt Alles daran, die gegenwärtigen Zustände sammt deren Schäden zu erhalten. Denn eben durch die schädlichen Auswüchse der Zeit herrschen sie ja. Die Juden werden daher Alles aufbieten, um eine Konsolidirung, einen gesunden Fortschritt zu hindern. Sie arbeiten sogar planmässig und mit allem Raffinement daran, *jedes Band*, das die Menschen zusammenhält, *zu lösen, jede Autorität*, welche noch Achtung geniesst, *zu erschüttern*. Darum sind die christlichen Konfessionen, deren Priester, fortwährend ein Gegenstand ihrer Angriffe und sarkastischen Ausfälle, die Armee gleichfalls, weil sie eine Macht repräsentirt, welche die Juden für sich in Anspruch nehmen möchten. Wenn sie in gewissen Ländern gewisse Autoritäten respektiren, so geschieht dies nur, weil sie sich noch nicht stark genug fühlen und des Schutzes dieser Autoritäten bedürfen. Sie werden beim kleinsten Gassenkrawall in Todesangst nach Polizei und Militär rufen, und wenn sie sich wieder in Sicherheit glauben, dieselbe Polizei, dasselbe Militär, dieselbe Behörde beschimpfen, um den Respekt vor derselben zu erschüttern. Bewusst oder unbewusst, instinktiv *geht ihr ganzes Streben dahin, in dem nichtjüdischen Lager Unfrieden zu erregen, Einen gegen den Andern zu verhetzen, überhaupt zu zersetzen und aufzulösen*. Und dies gelingt ihnen wahrhaft wunderbar; denn abgesehen von allen Faktoren, welche ihnen zur Verfügung stehen, ist es an und für sich leichter, die Auflösung eines ohnehin schon zerfahrenen Gegenstandes zu fördern. Die Sanirung solcher Zustände erfordert an und für sich ein ziemliches Maass von Kraftanstrengung. Ein solches Streben zu diskreditiren, von der ernsten Arbeit abzuhalten, ist ja überhaupt leichter als der Aufbau. Dass die Juden so thun, darüber darf man sich eigentlich nicht gar so sehr wundern, wenn man bedenkt, wie wir selbst und unsere Regierungen den Boden dazu bieten. Der Jude fühlt instinktiv, dass er in dieser Krise das *Feste*, das *Positive* repräsentire; *seine Religion, die Tradition seiner Race verheisst ihm die Herrschaft über alle Völker der Erde.* Die neue Zeit hat dieser Tradition in geradezu überraschender Weise Nahrung gegeben. Der Jude faselt nicht viel von Nächstenliebe, doch unterstützt er nach Thunlichkeit seinen Bruder, während er sehen muss, wie die „schuftigen und blöden Gojim" sich gegenseitig erschlagen und morden. Den letzten Schacherjuden durchschauert noch Ehrfurcht bei dem Gedanken an „Den, dessen Name gelobt sei", während „diese Unreinen" den alten Gott officiell abgesetzt hatten, allein, wie die Franzosen in der ersten Revolution, in „unleugbarer Naivetät" auf den Altar nichts anderes zu setzen wussten, als ein schönes nacktes Weib.

Muss endlich der Jude nicht den Goj verachten und im innersten Herzen verhöhnen, wenn er sieht, wie wenig er weiss, wass er will, wie wenig er im Stande ist, die eigenen Interessen zu wahren. Der Jude fördert nicht allein die Auflösung, sondern er schreckt sogar vor dem letzten Stadium derselben, vor der Fäulniss nicht zurück. Dieses Streben ist zwar für die Juden ein höchst verderbliches; kein ethisches Ziel gibt ihrer Herrschaft Existenzberechtigung, kein ethisches Band wird sie selbst vor der Fäulniss schützen. Nichts wird sie davor schützen, dass ein grausamer und sozialer Aufstand sie vernichte.

Allein es ist wenigstens erklärlich, dass die plötzliche Herrscherrolle, das Triumpfgefühl den Blick des bis jetzt getretenen, misshandelten Volkes, so klug es auch sonst ist, trübt. Der Jude schreckt vor der Fäulniss nicht zurük, denn er ist fest überzeugt, — und seine Phantasie umzieht die Farben mit Goldschimmer, — dass je ärger die Auflösung, desto schöner und mächtiger Israel aus dem schmutzigen Todten Meere der Menschheit gleich einem Schwan der Zukunft emportauchen werde.

* *

Die vorliegende Rede ist der Versuch eines *positiven Aufbaues* auf der Basis der Errungenschaften der Neuzeit, auf der Basis der Freiheit und Gleichheit. Der Vorschlag geht dahin, es mögen die verschiedenen Berufsklassen : die Arbeiter, die Grundbesitzer, die Gewerbetreibenden, die Kaufleute u. s. w. besondere Körperschaften bilden. Diese Körperschaften mögen solidarisch ihre Interessen wahren und mögen corporativ ihre Vertreter in die Gemeinden, Munizipien und Parlamente entsenden. Der Vorschlag wurde, allerdings in einer einigermassen verschiedenen Form, vor ungefähr 30 Jahren bereits gemacht. Man hat dafür zu sorgen gewusst, — wir wissen welche Faktoren — dass er in Vergessenheit gerathe.

Man gestatte nun, noch in dieser Vorrede auf zwei Einwände kurz zu antworten, welche von tonangebender Seite, nämlich vom Abgeordneten Irányi und Minister-Präsidenten Tisza auf diesen Vorschlag

gemacht worden sind. Man gestatte insbesondere, dass
ich bei Gelegenheit der Antwort auf den Einwand
des Minister-Präsidenten, auf einige Vorzüge dieses
Vorschlages, welche in der Rede gar nicht oder kaum
berührt wurden, kurz reflektire.

Von dem Abgeordneten Irányi sowie im Klub
von mehreren jüngern Parteigenossen wurde der Einwand
erhoben, eine solche Gruppirung resp. Sonderung
erinnere an die Kasten und sei mit der Freiheit unverträglich.
Derselbe Einwand wurde in der Publizistik
erhoben.

Ich muss hiebei bemerken, dass Herr Abgeordneter
Irányi den Klub der Unabhängigkeitspartei
bekanntermassen nicht zu besuchen pflegt, und meine
Motivirung nicht gehört hatte. Möglich, dass ihn diese
Motivirung durchaus nicht überzeugt hätte, nicht nur
wegen deren Mängel, sondern wegen des verschiedenen
Standpunktes in dieser Frage; doch man gestatte
mir, dies zu konstatiren.

Abgeordneter Irányi ist ein Mann, dessen Person,
dessen uneigennütziger, konsequenter, parlamentarischer
Thätigkeit Jeder im Lande Achtung zollen muss.
Der Vertheidiger der Freiheit wird also auch mir dem
jüngern, unberühmten Manne ein freies, offenes Wort
gestatten: Seine Auffassung und das ähnliche Urtheil
Anderer beruht eben darauf, dass er und Andere sich
mit den Faktoren, welche in Wirklichkeit den Zustand
der menschlichen Gesellschaft regeln, nicht befasst
haben. Die *Assoziation* ist kein Hinderniss der Freiheit,
im Gegentheil sie ist das einzige und unentbehrliche

Mittel, die Freiheit zu Fleisch und Blut zu machen, dem Berechtigten den ihm gebührenden Machtantheil wirklich zu geben. Ueberall wo in der Geschichte Macht ausgeübt wurde, ist dies von einzelnen Klassen geschehen, welche durch gleiche Lebensstellung, oder auch durch gleiche Interessen zu solidarischem Handeln verbunden waren. In den römischen und griechischen Städterepubliken war es die Aristokratie oder wenn man so will, die aristokratischen Bürger, im Mittelalter die Stände u. s. w.

Darum z. B. boten die Stände ein Gegengewicht gegen die Macht der Krone, während die Regierungen mit unserm Volke, zum Theil durch „ihre Majorität", zum Theil durch den Säbel, machen was sie wollen, obwohl die Worte Freiheit und Gleichheit sozusagen in der Luft herumfliegen. Allerdings haben alle diese Klassen Herrschaft über die andern ausgeübt, und dies war schlecht. Allein hiegegen gibt es kein anderes Gegenmittel, als dass die andern Klassen sich ebenfalls assoziiren, um im Stande zu sein, dieselbe Macht auszuüben. Unsere modernen Vereine oder auch Genossenschaften, ja selbst die politischen Parteien sind eine wahre Ironie auf das Prinzip der Assoziation. Denn diese erfordert, wenn sie ein praktisches Resultat erzielen soll, in hohem Grade das Einstehen des Einen für den Andern, die Bereitwilligkeit sich auch gewisse Beschränkungen im Interesse des Ganzen aufzuerlegen. Hievon will man bei unserem politischen und volkswirthschaftlichen Individualismus nichts wissen und fügt sich höchstens dem Zwang, den die Steuerbehörde, die Rekrutirungskommission oder die künstlich beschaffte Majorität ausübt. Und so ist es und so wird es bleiben, nicht nur in Monarchien, sondern auch in Republiken. Das Wort *Kasten* ist überhaupt für meinen Vorschlag *durchaus nicht passend*. Der Begriff Kasten bezeichnet unübersteigliche Schranken: Der Sohn des Priesters *musste* Priester, der Sohn des Kriegers Krieger bleiben. Nach meinem Vorschlag ist es dem Sohn des Bauers nicht benommen, ein Gewerbe zu erlernen. Dem Gewerbsmann ist es unbenommen, sein Gewerbe aufzugeben und einen Handel anzufangen, wenn er Talent und Geschick zum Kaufmann hat. Das hiezu nöthige Kapital wird er sich meinem Vorschlage gemäss viel leichter erwerben, als in dem gegenwärtigen Zustand der modernen Schule, in welchem bekanntermassen eine ungleich grössere Anzahl Gewerbetreibender zu Grunde geht, als sich emporschwingt. Nehmen wir an, der bäuerliche Besitz würde zu einer Art Fideikommiss für die Familie gemacht werden. Es ist sicher, dass in diesem Falle der Familienvater, wenn er wirklich einen Sohn von besonderen Talenten hat, eher im Stande sein wird, ihn studieren zu lassen, als dies jetzt der Fall ist. Es ist nicht unwahrscheinlich, dass die Klasse der Beamten, Schriftsteller einem solchen wirklich talentirten Knaben Unterstützung angedeihen lässt. Haben jene Bauern, welche massenweise auswandern, die Mittel oder die Lust, ihre Söhne Schulen besuchen zu lassen? Nehmen wir an, der studirte Bauerssohn hat Unglück, der Verunglückte, der Kranke wird wenigstens einige Zeit unter dem väterlichen Dach Schutz und ein Stückchen Brod finden, bis er mit neuem Muth und neuer Gesundheit ins Leben hinauszieht. Andererseits werden alle Jene, welche weder die Lust noch auch das Zeug haben, Lateiner zu werden, dafür stolze und tüchtige Bauern bleiben. Sie werden das Erbe ihres Vaters lieben, es wird wieder Liebe und Achtung für den Beruf einkehren, ein Gefühl welches in dieser Zeit des Schwindels auch zu schwinden beginnt. Was geschieht jetzt? Der Bauernstand, der Kern Ungarns versinkt ins Proletariat. Und zwar ist der ländliche Proletarier ziemlich verschieden von dem städtischen. Denn bei der grossen Ausdehnung, dem engern Gesichtskreis fehlt auch bei ihm das mächtige Band der Assoziation, welches den städtischen Proletarier wenigstens einem einheitlichen Ziele zustreben lässt.

Ob der verschuldete, durch den Exekutor gedrängte Bauer, ob das ländliche Proletariat ein Publikum ist, die Freiheit zu bewahren, die Antwort hierauf muss ich Jedem überlassen, der das Leben wirklich kennt. Allerdings gewissen Beschränkungen muss sich jedes Mitglied einer Klasse nach meinem Vorschlag unterwerfen. Nehmen wir an, die Beschränkung ginge sogar so weit, dass die Handwerker einer Stadt beschliessen würden, es dürfen z. B. nur dreissig oder vierzig das Schlosserhandwerk ausüben. Nun ich glaube, es wäre in diesem Falle immer noch besser, diese dreissig oder vierzig Meister würden sich einer gewissen Wohlhabenheit erfreuen, würden die

Häupter ehrenhafter Familien sein, wären im Stande, ihren Gehilfen einen guten Lohn zu zahlen, ihnen gute Kost zu bieten, den gewerblichen Nachwuchs gut zu erziehen : ich glaube diese Zustände wären immer noch bedeutend besser als die gegenwärtigen, bei welchen Einer nach dem Andern gezwungen ist, sein Geschäft zu sperren, bei welchen Einer den Andern durch Reklame oder auch durch Schleuderpreise zu überbieten sucht, bei welchen Einer oder der Andere bei den Wahlen seine bessere Ueberzeugung verleugnet, weil er sich die Hoffnung nicht verschliessen mag, vielleicht eine grössere Arbeit von der städt. Kommune zu erhalten, welche er sehr braucht, wenn er nicht zu Grunde gehen will. Uebrigens sei hier bemerkt : *ob man so weit gehen will und gehen darf,* dass die Genossenschaft die Zahl der Gewerbetreibenden beschränkt, ob der bäuerliche Besitz ein Fideikommiss werden, oder ob nur ein Besitzminimum beibehalten werden solle, solches und hundert Aehnliches sind Fragen, welche eben *die Klasse nicht ohne Kontrolle der übrigen viel besser entscheiden wird, als unsere Juristen und Deputirten sie bis jetzt zu entscheiden im Stande waren.*

In derselben Rede, in welcher Herr Abgeordneter Irányi meinen Vorschlag einer kurzen Widerlegung würdigte, hat er auch dagegen geeifert, dass die Theater zum Schauplatz schlüpfriger Scenen, von Stücken unsittlichen Inhaltes geworden sind. Es ist gar kein Zweifel, es ist schlecht und ein gefährliches Gift, wenn die Lüderlichkeit in gefälliger Form als erlaubt oder gar als „fesch" vorgeführt wird. (Ich muss bemerken, dass der Herr Abgeordnete nach meiner Auffassung *dies* meinte und nicht die Freude an schönen Formen geisselte, welche wir ja auch in der klassischen Blüthezeit nicht minder bei gesunden Völkern mit heisserm Blute finden.) Doch es ist gar kein Zweifel: diese Erscheinung, der von ihm gerügte Geschmack des Publikums, welcher solches duldet, ist nur *eine Seite der allgemeinen Dekadenz von Kraft und Sitte*, in welcher wir uns leider befinden. Der geehrte Abgeordnete wird mir gestatten, dass ich ihn bitte, einen Blick auf die Erscheinung des täglichen Lebens zu werfen. Ist es wahr oder nicht, dass der nackte Egoismus immer mehr in den Vordergrund tritt, dass die Ideale immer mehr schwinden, dass die Korruption immer weiter um sich greift? Ist es wahr oder nicht, dass in dem politischen Leben und bei den Wahlen Ueberzeugungstreue und der Muth, für seine Ueberzeugung Opfer zu bringen, immer mehr in den Hintergrund tritt? Es ist möglich, dass ein Theil der Publizistik über die Lüderlichkeit auf der Bühne scheinheilig eine Jeremiade anstimmen wird, weil man froh ist, den Schleier von dem allgemeinen gesellschaftlichen und politischen Byzantinismus, in welchen wir versunken sind, nicht lüften zu müssen. Und wenn sie es thun, etwa bei einem Abonnementwechsel, so werden sie sich wohl hüten, die wahren Gründe dieser Auflösung anzugeben. Glaubt der geehrte Herr Abgeordnete, dass Mahnungen, so sehr auch seine Stimme Achtung geniesst, oder Moralpredigten allein hier helfen werden?

Nein, es muss kurz und bündig ausgesprochen werden: die Ansicht, es genüge das Land in Wahlbezirke zu theilen und das Publikum werde sich um „*das Bessere*" schaaren und dasselbe verwirklichen, ist ein Irrthum, ob man nun diese Abstimmung nach dem gleichfalls „mechanischen Leisten" eines Zensus, oder aber durch das allgemeine Stimmrecht oder aber nach der Manier des Listenskrutiniums durchführen will, ein Irrthum, der eben zum Grabe der Freiheit im wahren und richtigen Sinne wird. Hierin gibts keinen Mittelweg, hierüber muss man ins Reine kommen, wenn man das Ziel, welches Herr Abgeordneter Irányi mit so viel Charakter und Edelsinn anstrebt, erreichen will.

Minister-Präsident *Tisza* machte einen sogenannten praktischen Einwand. Er frug nämlich, wie denn die Ausgleichung der verschiedenen Interessen auf dem Reichstage stattfinden würde, wenn hier die Vertreter der Ackerbauer, dort jene der Gewerbetreibenden und dort die Vertreter der Juristen und Aerzte u. s. w. sässen?

Man gestatte nur eine Gegenfrage zu stellen. *Ist überhaupt eine Körperschaft, bestehend aus ungefähr 400 Köpfen, in der Weise, wie sie jetzt zusammengestellt wird, geeignet, um praktische, ins Detail sich erstreckende Gesetze zu machen?* Und zwar müssen wir diese Frage stellen sowohl in Hinblick auf die Wahl, als auch auf die Art *wie* das Parlament arbeitet.

Man gestatte, eine Parallele zwischen dem gegenwärtigen Modus und jenem meines Vorschlages zu ziehen.

Einzelne sind es jetzt, welche sich betreffs unserer vitalsten Interessen abmühen, ja ihr Leben denselben widmen. Wie oft müssen wir sehen, dass sie an der Theilnahmslosigkeit, ja an den Hindernissen, welche sie finden, erlahmen. Ja in den meisten Fällen ist es heutzutage so. Und je mehr sich Jemand einer Idee widmet, — dies ist gleichfalls ein charakteristisches Merkmal unserer Zeit, — desto mehr wird er erfahren müssen, dass man ihm misstraut und geneigt ist, irgend einen raffinirten Plan hinter seinem Wirken zu wittern.

Nicht Jeder besitzt das Vermögen, die unabhängige Stellung, wie z. B. Baron Schorlemer-Alst in Deutschland, der so viel für die Agrarfrage gethan hat. Beim Ueberwiegen des Materialismus in unserer Zeit ist es sicher, dass die Zahl Derjenigen immer geringer sein wird, welche sich wirklich für eine Idee opfern. Nehmen wir wieder nur ein Beispiel für viele. Es heisst, wenn der Grundbesitzer *keinen* Kredit erhält, kann er *nicht* wirthschaften. Man sollte andererseits meinen, die Antwort wäre eine einfache. Sie würde lauten: Der auf Grund und Boden gewährte Kredit *darf nur bis zu jener Höhe gehen, die sich aus den Revenuen des Gutes bezahlen lässt.* Dieser Kredit ist ein gesunder. *Ein Kredit, der den Stock, nämlich den Grund und Boden selbst angreift, ist schon an und für sich ein ungesunder.*

Wenn also der Grundbesitz wieder seinen natürlichen Charakter erhält, d. h. nicht selbst für die Schuld haften muss, wird er eben nur Kredit bis zu

jener Höhe geniessen, welche Grund und Boden nicht
erschöpft, das Gut nicht unter die Trommel bringt.
Jetzt erscheint diese Frage als ein äusserst schwieriges, für viele vielleicht als ein gar nicht zu lösendes
Problem. Nehmen wir nun an, die Grundbesitzer
würden ihre Wahlkörperschaften bilden, sie hätten
ihre agrarischen Kammern, ihre verschiedenen Zentren!
Eine jede Gruppe : die Grundbesitzer, Gewerbsleute,
Beamten u. s. w. hätten ihre gut redigirten Tagesblätter, und zwar mit verschwindend kleinen Beiträgen
von Seiten des Einzelnen, vielleicht auch ohne dieselben. Man weiss ja, dass die Journalistik, geschickt
geleitet, kein unrentables Unternehmen ist. Man nehme
nun die Frage, ob und wie der Grundbesitz für die
Familie erhalten werden kann, oder z. B. in wieferne
die Entholzung der Wälder die regelmässigen Niederschläge stört, also abwechselnd Dürre und Ueberschwemmung verursacht, oder aber eine andere z. B.
die von Liebig angeregte und wenigstens theilweise mit
Meisterschaft gelöste Frage : bis zu welchem Grade und
Maasse der Export von Rohstoffen angezeigt ist, respektive in welchen Verhältnissen die Extensität der Wirthschaft und der Export von Rohstoffen stehen müssen, um
den Boden nicht zu erschöpfen? Wie man sieht, sind
dies lauter Fragen, welche nicht so oberflächlich oder
flüchtig gelöst werden können. Es kann Jemand ein
geschickter, praktischer Oekonom sein, ohne in diesen Fragen Bescheid zu wissen. Umgekehrt wäre es
ebenso riskirt, irgend eine Theorie zu akzeptiren,
weil sie von ein paar Autoritäten empfohlen ist oder

aus verschiedenen Gründen Beifall findet. Denn der Oekonom will leben und verdienen und die Nation will es auch. Man kann nicht von ihm fordern, dass er z. B. alle Revenuen zur Amelioration des Bodens verwende. Gleichwohl ist es allerdings möglich, dass eine Nation derart wirthschaftet, eine solche Zollpolitik treibt, dass z. B. eine halbe Generation geradezu grosse Opfer wird bringen müssen um nicht den Boden in einem gänzlich erschöpften Zustand zu belassen u. s. w. Wie man also aus diesen Beispielen ersieht, müssen die Ergebnisse der Wissenschaft stets von der Praxis kontrollirt, die sogenannten Anforderungen des täglichen Lebens in Rechnung gezogen werden, wogegen für alle Jene, denen das allgemeine Wohl, das Interesse einer Klasse am Herzen liegt, nicht allein der momentane Gewinn massgebend sein kann. Wir haben gesehen, dass wir mit diesem System, besser gesagt, mit dieser Systemlosigkeit dahin gekommen sind, dass das bewegliche Kapital zum Herrn über uns wurde.

Wie man also ersieht: alle diese Fragen erfordern Studium, Sammlung von Daten, statistischem Material, Nachdenken, Arbeit, praktische Erfahrungen. Nach meinem Vorschlage fände derjenige, der hier Erspriessliches zu leisten fähig ist, fachgemässe Kritik, doch auch Ermunterung und thatsächliche Unterstützung. (Es versuche es nun Jemand, in diesen und hundert andern Fragen zu wirken, er wird sehen, wie ihn die „öffentliche Meinungsmacherin" die Presse behandelt.)

Man gestatte uns, einen Blick auf den Reichstag selbst zu werfen: Zunächst würde man wirklich arbeiten, was jetzt nicht geschieht, und woferne es geschieht, nicht immer von Erfolg begleitet ist. Zweitens, würde man *fachmännisch* arbeiten, was jetzt noch weniger geschieht. Die Lebens-Interessen der nützlichen Klassen fänden am Reichstage wirkliche Vertretung. Derjenige, der sich mit diesen Fragen befasste, würde nicht allein einen Sisyphuskampf kämpfen. Er fände von Seite der Genossen sachliche und wohlmeinende Kritik und Unterstüzung. Natürlich würde es auch nicht an schärfster Kritik von Seite der Organe einer andern Gruppe fehlen. Die Kritik wäre vielleicht eine rücksichtslose, scharfe, doch man hätte nicht das widerliche Schauspiel, dass alle unsere Lebensinteressen von dem Standpunkt einer Klasse aus, nämlich dem der Judenschaft, beurtheilt würden oder auch dass die Frucht angestrengter Arbeit, vieler Jahre von Leuten, welche nicht das geringste Verständniss besitzen und sich kaum die Zeit nehmen, die Dinge auch nur zu lesen, ohne jedes Verständniss in der frivolsten, frechsten Weise diskredirt. Der Oekonom, der Gewerbsmann, der solide Kaufmann würde seine Lebensinteressen gewahrt wissen. Bei den Wahlen würden *persönliche Ambitionen, Reklame* u. s. w. vielmehr in den Hintergrund treten, als diess gegenwärtig der Fall ist. Wo es sich um das tägliche Brot, um das Lebenkönnen, um das Mein und Dein, um das Vermögen handelt, pflegt man sich den Mann sehr gut anzusehen.

Die wichtigsten Lebensinteressen würden am Reichstage klar formulirt und fortwährend urgirt werden. Allerdings würden die Vertreter der andern Gruppen Kritik und genaue Kontrolle üben, ob nicht das Verlangte etwa die andern Klassen schädige oder die Lebensadern der andern unterbinde. Es wäre also allerdings ein Kampf, jedoch ein gesunder, erwünschter Kampf. Man würde nicht streiten, ob X. oder Y. Minister sein soll, die Phrase, die dialektische Polemik, persönliche Angriffe würden vielweniger Boden finden als jetzt. Nicht das Bestreben, sich am Posten zu erhalten, wäre der massgebende Faktor dafür, ob ein Vorschlag durchgeht oder nicht, auch nicht das Geld oder die Vortheile, welche einem Deputirten in Aussicht stehen, oder das Buhlen nach Beifall einer nichtsnutzigen Presse, sondern es würden Zahlen, Argumente und Thatsachen entscheiden. Und wenn der Fall vorkäme, der allerdings eintreten kann, dass die verschiedenen Interessen miteinander kollidiren, so ist es dann eben der ehrliche Kampf: der Kampf mit Ziffern, Daten und Argumenten. Es ist klar, dass bei der jetzigen Wahlmanier, bei der gegenwärtigen Art der Verhandlung, die Konfusion *eine viel grössere sein muss* und immer Gefahr vorhanden ist, dass Nebenargumente entscheiden, und der Deputirte selbst nicht wissen wird, für welche Richtung, für welche Klasse er sich entscheiden soll. Er wird dann entweder aus Parteitaktik stimmen oder für jene Klasse, welche zufällig in seinem Bezirke bei den Wahlen zu entscheiden pflegt, was wiederum von zufälligen Zuständen abhängen kann. Ein paar Juden, welche eine Zeitung besitzen, und dieselbe redigiren, eine Branntweinbrennerei, ein Kreditinstitut kann mehr Einfluss besitzen, als ein Hundert von soliden Gewerbetreibenden, Beamten, tausende von Bauern u. s. w. Nur auf die von uns vorgeschlagene Weise wäre Garantie vorhanden, dass erstens die Interessen aller Berufsklassen vertreten würden, zweitens, *dass nicht das Interesse einer Klasse wie es jetzt geschieht, nämlich das des Kapilisten bevorzugt, diesem die Interessen der andern untergeordnet würden;* nur auf diese Weise hätten wir Garantie dafür, dass sich etwaige Einzelinteressen den allgemeinen unterordneten, die Harmonie der Interessen zur Wahrheit würde.

Man werfe nur einen Blick darauf, *wie die Parlamente jetzt eigentlich arbeiten* und man muss zur Einsicht gelangen, dass eine Körperschaft, bestehend aus mehreren hundert Köpfen, in der gegenwärtigen Zusammenstellung nicht geeignet ist, zur Schaffung brauchbarer Gesetze.

Die Zahl jener Abgeordneten, welche die Gesetzentwürfe ausarbeiten, beschränkt sich auf eine winzige Zahl, meist einige Juristen. Gewöhnlich besorgen dies ein und dieselben Leute; oft sind es nicht einmal Abgeordnete. Es geschieht häufiger als nicht, dass selbst die Mitglieder der Majorität, wenn es zur Entscheidung kommt, mit den Gesetzentwürfen im Herzen nicht einverstanden sind. Allein, und dies soll kein Vorwurf gegen die Väter des Landes sein, man stimmt aus Parteidisziplin. Solches kommt mitunter auch bei der Opposition vor. *Welcher Partei* ein Abgeordneter angehört, wissen die Intimusse der Regierung und deren Arangeure auf's Haar; *welche Fachkenntnisse er besitzt*, kommt erst in zweiter, dritter Linie in Betracht und ist den Rathgebern der Regierung oft gänzlich unbekannt.

In den Kommissionen haben gleichfalls die Anhänger der Regierung die Majorität. Alles Opponiren nützt nichts und unterbleibt auch sehr häufig, weil schliesslich Niemand gerne und immer nutzlose Arbeiten verrichtet. Es ist wohl gut, dass gewisse Dinge im Parlamente zur Sprache kommen, doch ändert Diess an der Fassung der Gesetze in den allermeisten Fällen nichts mehr. In den meisten Parlamenten überwiegen die Juristen, und zwar zum grossen Nachtheile des Wohles der Nation; denn so wichtig auch die Form ist und wenn man auch bezüglich der präzisen und juridischen Fassung des Gesetzartikels auch einen Juristen hören wollte, so dürfte man dies erst thun, *nachdem Fachmänner in der Wesenheit entschieden haben.* Doch solches geschieht nicht, weil es eben an Fachmännern mangelt, weil die Arbeitstheilung keine fachliche ist. Im ungarischen Abgeordnetenhaus sitzen nicht nur liebenswürdige und hochachtbare Leute, nicht nur glänzende Redner und Dialektiker, sondern auch Männer, welche in verschiedenen Zweigen durch ihre ausgezeichneten und gründlichen Kenntnisse Zierden der Wissenschaft sind. Allein wie ausserordentlich gering ist die Zahl Jener, welche den Bau einer Eisenbahn zu kontrolliren im Stande wären: „ob nicht zu theuer gebaut wurde, ob keine Missbräuche vorgekommen sind" u. s. w. Wie Wenige vermögen einen grösseren Bau oder sonst eine technische Frage gründlich zu beurtheilen! Wie Wenige kennen sich in der Tariffrage aus, welche doch für den soliden Kaufmann eine Lebensfrage ist. Wie Wenige kennen die Gewerbefrage! Ausländer kommen nach Ungarn, um die ungarische agrarische Gesetzgebung zu studiren. Wir sind ein Ackerbaustaat! Und dennoch, wie Viele gibt es, denen es als Ungeheuerlichkeit erscheint, wenn man sagt, der *„natürliche Karakter des Grundes und Bodens ist seine Unverschuldbarkeit."* Jetzt sollte der Abgeordnete eigentlich ein „Universalgenie" sein. Und nachdem Niemand ein solches sein kann, stimmt man nach der Parteitaktik. Glänzende Historiker, gründliche Juristen, praktische und theoretisch ausgezeichnete Oekonomen, Professoren, welche in ihrem Fach Tüchtiges leisten, lassen sich in einer Reihe volkswirthschaftlicher und politischer Fragen durch die gänzlich oberflächlichen, durch Praxis und Wissenschaft längst widerlegten Schlager des volkswirthschaftlichen, und man könnte auch sagen, durch eine Art politischen Manchesterthums beeinflussen. Es ist bekannt, dass in den meisten Parlamenten — und auch dies ist eine Folge unseres herrschenden Wahlsystems — die *Phrase* überwiegt. Dialektische Gewandtheit, die Art, *wie* etwas vorgebracht wird, ist die Hauptsache: und zwar selten zum Vortheile des Kerns und des Wesens! Fachliches oder gar Daten und Ziffern sind trocken und langweilig. Und wenn das Volk instinctiv behauptet, die Parlamente überfliessen von glänzenden Reden, allein die Lebensinteressen des Volkes betreffend, werde nichts ausgerichtet, so hat es leider nicht Unrecht. Man denke doch an die Reform der Administration, welche z. B. Béla v. Grünwald, ein praktischer Fachmann, durch viele Jahre unermüdet und doch ohne Erfolg urgirt hatte.

Die Zeit, die Nerven- und Arbeitskraft eines Ministers sind durch seine persönlichen Agenden, durch die Unzahl von Menschen, welche ihm etwas zu sagen haben, d. h. von ihm etwas wollen, in einer das menschliche Mass übersteigenden Weise in Anspruch genommen. Der Minister ist durch, und zwar bedeutende, Rücksichten nach Oben gebunden. Ueberdies muss er stets über eine parate Majorität verfügen, wenn er wirken will. Um aber eine solche beisammen zu haben, muss er gar manche persönliche Ambitionen berücksichtigen. Er muss sich hüten, die Velleität dieser oder jener Klasse zu verletzen oder mit andern Worten: er ist zur *Programmlosigkeit gezwungen.*

Die Geschichte des Parlamentarismus beweist es, dass eben die Ministerien, welche eine erspriessliche Thätigkeit entwickelten, sich nicht lange erhalten konnten. Minister, welche geschickt lavirten, haben sich viel länger am Ruder behauptet.

So wird die Lehre von den Majoritäten, die Lehre von der Ministerverantwortlichkeit zum Widersinn. Ein Minister gleicht dem Baron Münchhausen, der sich am eigenen Schopfe aus dem Sumpfe ziehen sollte. Die Hände des Ministers sind durch seine Majorität gebunden.

Vielrednerei, Personalia, dialektische Tourniere nehmen den grössten Theil der kostbaren Zeit in Anspruch. Nicht nur, dass die Gesetzentwürfe, wie wir bereits gezeigt haben, nicht den Kern einer Sache packen, ihn höchstens streifen, ja selbst über die Frage, ob diese Gesetzentwürfe auf den Tisch des Hauses gebracht werden, entscheidet oft nur der Zufall.

Es sei nun noch gestattet, die Aufmerksamkeit darauf zu lenken, *dass durch diese Gruppenvertretung auch die sogenannte Judenfrage in gesetzlicher und friedlicher Weise gelöst würde.*

Es soll mit diesen Worten durchaus nicht etwa gesagt werden, dass die Aufhebung der Emanzipation ein Unrecht wäre. Wenn der Vorschlag des Abgeordneten Istóczy oder des Herrn Pastors Le Roi verwirklicht werden sollte, d. h. wenn die Juden in Palästina oder Egypten wiederum ein selbstständiges, unabhängiges Volk bildeten, so könnten sie nach ihren Gesetzen *keinem Nichtjuden*, welcher Nation immer er angehören dürfte, *das Bürgerrecht in dem jüdischen Reiche gewähren*. Da bei den Juden Rasse, Nationalität und Religion ein und dieselbe ist, so könnte nur derjenige ein jüdischer Staatsbürger sein, oder auch nur das blosse Ansässigkeitsrecht geniessen, der sich zur jüdischen Religion bekennt, ritualmässig aufgenommen worden ist; woferne es den Juden überhaupt belieben würde, solche aufzunehmen. Ein Volk, dessen erste und hervorragendste Satzungen gegen alle Anderen in diesem Masse unduldsam sind, hätte daher alle Ursache, in den Forderungen nach Gleichheit einen etwas bescheidenern Ton anzuschlagen. Es lässt sich übrigens sowohl aus der Sittenlehre des Talmud, als auch aus dem volkwirthschaftlichen, politischen und privaten Wirken der Juden sehr leicht der Nachweis führen, dass die Forderung, „den Juen gebühre die Gleichberechtigung," ein eben solcher Schwindel ist, wie eine grosse Zahl anderer hohler und unwahrer Schlagworte unseres modernen Liberalismus.

Ich erlaube mir nur die Aufmerksamkeit, insbesondere Jener, denen die Judenfrage so viele Verlegenheiten zu bereiten scheint, darauf zu lenken, dass durch diesen Vorschlag die Judenfrage in der gesetzlichsten, friedlichsten und zugleich billigsten Weise gelöst würde. Den Juden wäre die Möglichkeit geboten Juden zu bleiben, d. h. die Einheit ihrer Rasse und Religion zu bewahren; ja es wäre ihnen die Möglichkeit geboten, innerhalb jeder Gruppe die grossen Vortheile, welche ihnen ihre Solidarität, ihre Geld- und übrigen Mittel gewähren, ausgiebig zur Geltung zu bringen. Es wäre ihnen also die Möglichkeit geboten, in der Gesellschaft eine hervorragende Stellung einzunehmen. Allerdings müssten sie sich dagegen gewissen Beschränkungen unterwerfen, z. B. betreffs Gebundenheit des Grundbesitzes, überhaupt eine Beschränkung bezüglich der überwiegenden Herrschaft des Kapitales. Die Juden könnten also Juden bleiben, ja eine bevorzugte Stellung in der Gesellschaft einnehmen, allein sie könnten zugleich beweisen, dass sie „mitthun" bei den Interessen, welche uns Allen am Herzen liegen.

Man möchte also annehmen, dass die Juden, wenigstens die Klügern unter ihnen einen solchen Vorschlag mit Freuden ergreifen, ja unterstützen und fördern sollten.

Doch was geschah von Seite der Juden? Man ist mir von jüdischer Seite mit dem giftigsten Hasse begegnet, die Judenschaft liess alle nur denkbaren Minen gegen mich springen, man schmähte mich, ja ich wurde mit Schmähschriften geradezu überschüttet. Ein jüdisches Organ sagte sogar Wort für Wort folgendes: *Das Programm Istóczy's ist uns viel lieber als die Vorschläge Simonyi's.*

Istóczy verlangt bekanntermassen kurzweg die „Aufhebung der Emanzipation und Transferirung der Juden nach Palästina."

Die Motive dieses Verhaltens dürften wohl nicht unrichtig auf folgenden Kalkul seitens der Juden zurückzuführen sein.

„Die Emanzipation der Juden *in Ungarn* aufzu-
„heben? Das ist ja gar nicht möglich. Dazu wird es
„niemals kommen. Wir sind ja hier ungleich mächtiger
„als in Deutschland. Und sollte selbst von Dergleichen
„die Rede sein, sind wir nicht eine Weltmacht?
„Können wir nicht die ganze Welt volllärmen von
„unerhörter Barbarei, welche nur in Ungarn möglich

„ist? Können wir nicht eben so thun, wie wir es in
„Rumänien und Russland gethan haben? Und die
„Gimpel werden uns wiederum aufsitzen, und woferne
„sie es nicht thun sollten, stehen uns noch verschie-
„dene Mittel zu Gebote. Mit dem vorliegenden An-
„trage ist es freilich etwas anderes! Er ist plausibel,
„er wäre leichter praktisch durchzuführen. Noch mehr,
„der Antrag ist demokratisch, er will dem gesunden
„Fortschritt und nicht unmöglichen Wolkengebilden
„die Wege ebnen. Das nicht jüdische Publikum würde
„wirklich anfangen, zur Besinnung zu kommen!
„Solche Anträge also sind uns die gefährlichsten und
„müssen um jeden Preis bekämpft werden." Man
möge über die Gruppenvertretung denken, wie man
will; aber so unwesentlich auch die Sache erscheinen
dürfte, so ist dennoch das Verhalten der Juden
diesem Vorschlage gegenüber ein Beweis, wie man
ihn kaum besser wünschen könnte, dass die Antisemiten Recht haben, *dass den Juden die Zersetzung
und Auflösung alles Nichtjüdischen als willkommenstes
Mittel erscheint, über uns zu herrschen.*

*

Schliesslich wolle der geehrte Leser noch folgendes vor Augen halten :

Die hier gebrachte Rede und die Prinzipien betreffend, für welche ich seit Jahr und Tag im Parlamente und in der Publizistik kämpfe, möge *zweierlei*
unterschieden werden :

Nr. 1. Die Behauptung, dass die moderne Verfassung eine Täuschung, um es kurz herauszusagen, ein Schwindel sei.

Nr. 2. Die Behauptung, dass die Organisation nach Gruppen und die korporative Vertretung derselben das richtige Mittel sei, um einen gesunden, auf realer Basis sich bewegenden Fortschritt zu ermöglichen, die Hauptübelstände der Zeit zu saniren, die Unzufriedenheit zu beschwichtigen, und einen gewaltsamen Umsturz hintanzuhalten.

Es ist nun möglich, dass Jemand an dem Vorschlag der Gruppenvertretung stichhältige Kritik übt. Ich bin zwar meines Theils überzeugt, dass kein anderer Weg zum Ziele führe. Allein ist Jemand im Stande, etwas Besseres vorzuschlagen, nun so möge er dies thun.

Ob dies jedoch geschieht oder nicht, *vorher muss eine andere wichtige Frage entschieden werden.*

Es muss Antwort darauf gegeben werden: *Ist unser Parlamentarismus eine Täuschung oder nicht?*

Es muss Antwort gegeben werden auf folgende Fragen: Ist es wahr, dass die Interessen der Bevölkerung und insbesondere der nützlichsten produzirenden Klassen in den Parlamenten keine Vertretung finden? Ist es wahr, dass gemäss des gegenwärtigen Wahlsystems die landläufige Annahme, der Wille der Wähler werde auf den Deputirten übertragen, eine Täuschung ist? Ist es wahr, dass bei unserem gegenwärtigen Wahlwesen Faktoren entscheidend sind, welche sehr wenig oder gar nichts mit dem Wohle des Volkes zu thun haben? Ist es wahr oder nicht, dass die bis zum Ueberdrusse wiederholte Berufung auf die Parlamentsmajoritäten gleichfalls eine Illusion ist? (Die meisten Regierungen wussten sich ja ihre Majoritäten zu beschaffen. Und um den Kreis des parlamentarischen „Ringelspieles" vollkommen zu machen, kann jede Regierung das hiezu nöthige Geld von den eingezahlten Steuergulden der Bevölkerung nehmen, und hat dann nichts weiter zu thun, als sich für diese Handlung von der auf diese Weise beschafften Majorität die Billigung aussprechen zu lassen?) Ist es wahr, dass die Regierungen in den Parlamenten eigentlich keine Stütze haben? Dass sie in der Sorge und Pflicht, eine stets parate Majorität beisammen zu haben, während von Oben her sehr bestimmte Wünsche gestellt werden, in ihrem freien Thun und Lassen nicht gefördert, sondern gehindert werden? Ist es wahr, dass die gegenwärtigen Wahlkreise keinerlei Machtbasis repräsentiren? Ist es wahr, dass ernste Verfassungskonflikte einfach durch den Säbel entschieden werden können, ja zumeist auch durch den Säbel entschieden wurden? Ist es wahr, dass im eigentlichen Sinne des Wortes ausserhalb des Parlamentes stehende Machtfaktoren, wie z. B. der Säbel und das bestehende Kapital doch ungleich mächtiger sind als die gesetzgebenden Körperschaften? Ist es wahr, dass alle die schönen Worte, z. B. von der Exekutivgewalt, welche eigentlich der gesetzgebenden Gewalt unterworfen ist, alle die schönen Worte von dem Willen des Volkes, welche in der

Majorität des Parlamentes ihren Ausdruck finde, von der Verantworlichkeit der Regierung, ja das ganze „Um und Auf" des modernen Parlamentarismus eine Lüge, eine Täuschung, eine Komödie ist? Wir stehen vor zwei Thatsachen, welche sich ebenso theoretisch begründen lassen, als sie durch die Geschichte bestätigt worden sind. *Bei der Aera, des modernen Parlamentarismus ist der Militarismus immer grösser, sind die Lasten des stehenden Heeres immer drückender geworden.*

Es ist eine Thatsache, dass die Parlamente in nichts eine konsequentere Thätigkeit entwickelt haben, als in der Kontrahirung neuer Staatschulden und in der Erfindung neuer Steuergattungen.

Hic Rhodus sic salta. Auf diese Fragen muss geantwortet werden, und zwar nicht mit Seitenhieben, dialektischen Finten, Gegenangriffen; nicht, indem man der Hauptfrage aus dem Wege geht, sondern klar und einfach mit einem „ja" oder „nein", woferne man es mit Parlamentarismus und der Freiheit ehrlich meint.

Die hier gebrachte Rede erlaubte ich mir vor einem Jahre mit den Worten zu schliessen : „In der Zukunft werde man sich wundern, dass eine so grosse Anzahl ausgezeichneter Männer, mit welchen sich der Verfasser in keiner Weise messen kann, so ruhig diese Komödie mit sich spielen liessen." Ich war so frei, demselben Gedanken schon drei Jahre früher Ausdruck zu verleihen. Es fand dies statt zu jenen Zeiten, wo noch kein Sitz des Hauses leer blieb, in denen Reporter und Setzer ihre Arbeit verdoppeln mussten, *wenn* die geehrten Parteiführer das Budget anzunehmen oder nicht anzunehmen erklärten.

Man vergleiche damit die ungarische Budgetdebatte der gegenwärtigen Saison! Alle Blätter waren wenigstens aufrichtig genug zu konstatiren, dass eine nie dagewesene Gleichgültigkeit und Indolenz der herrschende Karakter dieser Budgetdebatte war. Männer, welche ihr ganzes Leben unbeugsam, auch in den Momenten grösster Gefahr, zu kämpfen den Muth hatten, Parteiführer, glänzende Redner, hervorragende Typen sprachen unter der grössten Theilnahmslosigkeit, des parlamentarischen und ausserparlamentarischen Publikums und vor leeren Bänken. Man musste Anstand nehmen den Katalog zu verlesen, denn man hätte konstatiren müssen, dass das Haus „auf der Höhe der parlamentarischen Saison," beschlussunfähig sei.

Die geehrten Väter des Landes scheinen zu fühlen, dass es eine Komödie ist, welche sie spielen und welche mit ihnen gespielt wird und zwar eine garstige Tragikomödie!

Das Volk fühlt es bereits längst.

Es ist also nicht allein genug, dass man *Antwort* gebe!

Was nützt es dem Reisenden, wenn er seinem Wagen Pferde von zauberhafter Kraft und Schnelligkeit vorspannt, ihn mit allen Kostbarkeiten vollgepackt hat, wenn der Weg, den er fährt nicht zum

Ziele, nämlich nicht nach Budapest, sondern nach Petersburg führt.

Man muss den Muth haben einzusehen, *dass es nicht anders wird, solange man sich im bisherigen Geleise fortbewegt.*

Man muss den vollen Muth haben, ebenso dem souveränen Todtschweigen, wie dem Tadel, ebenso dem Lobe wie dem Hohn, den Beschimpfungen der Presse trotzen zu können.

In einer Plenarversammlung des Wiener Reformvereines, sprach ein Mitglied und zwar war es gleichfalls ein Publizist, irren wir nicht, ein Mitarbeiter des Figaro, (und zwar waren die Zuhörer nicht blos Proletarier, sondern zum grossen Theil „drei bis vierstöckige" Hausherren), folgende karakteristische Worte: „*Merken Sie sich's meine Herren, Alles was die Presse heutzutage lobt, verhimmelt, Alles womit sie sich überhaupt hervorragend beschäftigt, ist nichtsnutz, schwindelhaft und dient zu Ihrem Ruine, ob es nun ein Flanelleibchen, ein Abgeordneter, oder ein Minister ist. Nur aus Demjenigen und von Demjenigen, was von der Presse souverän todtgeschwiegen, ängstlich verheimlicht oder auch lächerlich gemacht, geschmäht und begeifert wird, kann Ihnen Heil erwachsen.*"

Der Leser in Ungarn, in dem Lande der Freiheit, wird vielleicht diese Worte für sehr gewagt, mindestens für bizarr halten.

Das Eine muss man ihnen lassen: wunderbar weit haben es die Juden mit uns gebracht.

Abgeordnete, Minister darf man an ihrer Ehre angreifen, König und Papst, sogar den lieben Herrgott darf man lästern, aber an der „Kritik der Kritik," an der „sechsten Grossmacht," welche an Allem und Jedem ihre zersetzende Macht geübt hat, darf keine Kritik geübt werden. Und doch sind die obigen Worte nicht um ein haarbreit übertrieben, sie sind vollkommen wahr, *inwieferne sie die jüdische Presse betreffen, inwieferne sie jene Presse betreffen, deren Gedankengang sich in jüdischem Geleise bewegt.*

Ist es wohl nöthig, diesen letztern Ausdruck zu erklären?

Allerdings, wir waren es selbst, welche den Prinzipien der neuen Zeit vor einem halben Menschenalter Bahn gebrochen haben. Allein dass die „*Krise,*" statt zu einem „*Heilungsprozess*" zu führen, nun „*permanent*" wird, dass die Krise, anstatt zur „*Sanirung,*" nun von Tag zu Tag immer mehr „*zum Uebel*" führt, daran sind die Juden Schuld und auch wir selbst, die wir uns von den Juden das selbstständige Denken abgewöhnen liessen.

Denn auch hierüber nützt kein Disputiren! Alle Jene, welche da glauben, dass die schönen Thesen einen *positiven* Inhalt besitzen, eine *positive* Geltung haben, — welche Thesen und Prinzipien uns allerdings einen grossen Dienst leisteten, inwieferne sie nöthig oder unentbehrlich waren, eine *negative* Arbeit zu vollbringen, das Bestehende über den Haufen zu werfen, — alle Diese bewegen sich im Geleise des jüdischen Gedankenganges!

Und mögen sie noch so hoch stehen, mögen ihre Verdienste um das Vaterland noch so bedeutend sein, Alle, welche nicht einsehen, dass unsere besten Kräfte, unsere glänzendsten Karaktere bis jetzt zum grossen Theile sich in „*nutzloser Sisyphusarbeit*" abmühen, *denken bereits, vielleicht ohne es zu wissen, mit dem Gedankengange der Juden.*

Wohin dies führen wird; — nun, die Zukunft wird es ja beweisen.

* * *

Indem ich die vor Jahresfrist im Abgeordnetenhause gesprochene Rede über die *nöthige Reform des Parlamentes* jetzt zum Wiederabdruck bringe, erlaube ich mir zu bemerken, was ich bei Gelegenheit des Wiederabdruckes der Rede über die Agrarfrage sagen musste.

Weder die Rede noch auch die Einleitung kann und will Anspruch machen, den wichtigen Gegenstand systematisch und erschöpfend behandelt zu haben.*)

Vor einem halben Menschenalter kämpfte Europa gegen den *Absolutismus*. Wir kämpften gegen das

---

*) Der geehrte Leser wird mir einige Worte über Entstehung dieses Schriftchens nicht verübeln. Nach dem zu Dresden abgehaltenen, *ersten Antisemitenkongresse* erging vom Verleger Herrn Drodtleff (Gustav Heckenast's Nachfolger) an mich die Aufforderung, einen in Dresden gehaltenen Vortrag: „Die Gesetze der menschlichen Gesellschaft und der Antisemitismus", zu einer Brochure auszuarbeiten. Kaum hatte ich wenige Seiten dieser Arbeit fertig, als ich durch das Ausscheiden meines Kompagnons beim Blatte, durch die Eröffnung des Reichstags und die tumultuarischen Turnen gegen

Privilegium. Ja wir selbst, die Begünstigten legten unsere Vorrechte auf den Altar der *Freiheit* und des *Fortschrittes.* Auch *jetzt* stehen wir unter der *Herrschaft* „verlogener Schlagworte", unter der *Herrschaft* eines *Machtfaktors,* dem es bis jetz thatsächlich gelungen ist, die Krise permanent zu erklären, die Auflösung und Dekomposition der Gesellschaft zu fördern; eines Machtfaktors, welcher sich nicht scheut, um einzuschüchtern und die Macht nicht zu verlieren, das Heiligste was wir besitzen, die *Ehre, zu begeifern.*

---

die Juden in Pressburg und Westungarn an der Weiterarbeit gehindert wurde. Nachdem jedoch die Ereignisse ausserhalb und innerhalb des Parlamentes sehr geeignet waren, meine Ansichten zu bestätigen, brachte ich auf Aufforderung meines Herrn Verlegers zwei, im vorigen Jahre gehaltene Reden zum Abdruck, beide mit einer, wenn auch flüchtig geschriebenen Einleitung versehen. Beide Brochuren sind bereits in ungarischer Sprache erschienen. Die eine unter dem Titel : *Mentsük meg a magyar földbirtokot!* (Retten wir den vaterländischen Grundbesitz) Rede vom 13. Oktober 1881, sowie : *A zsidók és a modern parlamentáris komédia.* Die vorliegende Einleitung war daher eine sogenannte flüchtige Postarbeit, welche keine andere Bestimmung hatte, als innerhalb unserer masslos verjudeten Zustände, und der herrschenden gang und gäben Schlagworte auf die Gefahren dieser Zustände, auf die Hohlheit und Verlogenheit dieser Schlagworte aufmerksam zu machen. Diesen Umstand wolle man freundlichst in Deutschland entschuldigend vor Augen halten, im Falle man diese kleine Schrift einer Beachtung würdigen sollte ; wenigstens solange, bis ich Gelegenheit finde, dieses wichtige Thema etwas gründlicher, als es hier der Fall ist, zu behandeln. Wie ich aus einer freundlichen Besprechung des „Westphälischen Merkur" über eine meiner frühern Arbeiten ersehe, hat der Herr Abgeordnete *Windhorst* im deutschen Reichstage in ähnlicher Weise gewirkt. Ich konnte jedoch die diesbezügliche Rede bis jetzt nicht zur Hand bekommen. Eine kürzere Ansprache und Kritik des Parlamentes, seitens des Abgeordneten *v. Ludwig* im preussischen Landtage, auf die ein Mitarbeiter der Augsburger Postzeitung meine Aufmerksamkeit lenkte und welche der geehrte Herr Abgeordnete auf meine Bitte mir einzusenden so freundlich war, ist leider die einzige mir näher bekannte diesbezügliche Aeusserung aus den deutschen Parlamenten

Die hohe *Wichtigkeit* des Gegenstandes, ja das *Wagniss*, das wenigstens in Ungarn erforderlich ist, *solches* zu sagen, möge die Mängel und Lücken der Form entschuldigen.

Pressburg, im Dezember 1882.

Iván v. Simonyi.

REDE

über

die Täuschungen und die nothwendige Reform unseres Repräsentativsystems,

gehalten

bei Gelegenheit der Budgetdebatte am 7. Februar 1882

im ung. Abgeordnetenhause.

Aus dem Ungarischen übersetzt.

Geehrtes Abgeordnetenhaus!

Es scheint, dass das geehr. Haus dem Budget des Ministeriums des Innern nicht viel Interesse entgegenbringt. Gegen die bisherige Gepflogenheit hat sich nur eine äusserst geringe Anzahl Redner zur allgemeinen Debatte vormerken lassen. Es ist möglich, dass das Wirken unserer Delegirten in Wien, es ist möglich, dass Bosnien Ihre Aufmerksamkeit vollkommen absorbirt, was übrigens in gewissem Sinne begreiflich wäre: Setzen wir jedoch den Fall, unser geehrter Quästor Kováts würde uns mit der Meldung überraschen, die Grundmauern dieses hohen Hauses beginnen sich zu senken — und zwar nehme ich diesmal den Ausdruck „hohes Haus" im buchstäblichen Sinn des Wortes —: in diesem Falle würden wir gewiss sogar Bosniens vergessen und vor Allem unsere Aufmerksamkeit der Sicherheit des Hauses zuwenden.

Es scheint beinahe, als wenn der Boden, auf dem die Parlamente Europas stehen, nicht viel Sicherheit böte: Die Frage der Wahlreform brachte Gambetta zum Sturze. Dies ist gewiss bemerkenswerth, denn Gambetta ist ja der „*erste Redner*" Frankreichs. In

Italien war die Frage einer Wahlreform gleichfalls Grund einer grössern Ministerkrise. Uebrigens glauben Sie ja nicht, meine Herren, dass ich die Absicht habe, über das sogenannte Listenskrutinium, welches die Parlamentarier in Frankreich so sehr beschäftigt, mich auszulassen. Ich thue dies nicht, weil das Listenskrutinium nicht besser ist als unser gegenwärtiger Wahlmodus und unser Wahlsystem.

Möglich, dass Einige in diesem Hause von den Erfolgen unserer vierzehnjährigen, modernen parlamentarischen Arbeit derart entzückt sind, dass sie überhaupt eine Kritik unseres Wahlgesetzes, ja eine Erörterung über das Wesen unseres Parlamentarismus, für die überflüssigste Sache von der Welt halten. Nun, geehrtes Haus, wir wissen es, dass ein Theil von uns und noch Mehrere ausserhalb dieses Hauses entgegengesetzter Ansicht sind.

Gestatten Sie mir also, bei Gelegenheit der Debatte des Ministeriums des Innern einige Bemerkungen über das Wesen unseres Repräsentativsystems zu machen.

Ich war so frei, bei Gelegenheit der Adressdebatte der Ansicht unverholen Ausdruck zu geben: *dass Ungarn zu Grunde gehen werde an der Herrschaft der Phrase und der Mode.*

Ich bat Sie, sich endlich einmal ernstlich mit der Frage des *Besitzminimums* und der *Avitizität* zu befassen. Ich wies darauf hin, dass bei dem gegenwärtigen Unwesen: den Grund und Boden selbst für eine Schuld haften zu lassen, die Grundbesitzer nothwendigerweise zu Grunde gehen müssen. Professor Dobránszky von der rechten Seite des Hauses replizirte und meinte, ich überschwemme das Haus mit „neuen Ideen" und spiele eine Art „Zukunftsmusik". Aehnlich äusserte sich die Publizistik. Es sei mir gestattet, bei diesem Anlasse an Herrn Unterrichtsminister August *Trefort*, sowie an den Herrn Justizminister Theodor *Pauler*, eben weil es gelehrte, hochgebildete Männer sind, folgende Fragen zu stellen: Wird auf unsern Universitäten, Rechtsakademien das ungarische Staatsrecht nicht mehr gelehrt? Haben wir denn überhaupt auf unser ungarisches Staatsrecht vergessen? Die Avitizität ist doch eine spezifisch ungarische Institution. Wie ich bereits wiederholt erinnerte, hat der XV. Gesetzartikel des Jahres 1848 die Aufhebung der Avitizität blos im Prinzipe ausgesprochen. Sie bestand ja faktisch bis zum Jahre 1852 und auch damals wurde sie nicht auf verfassungsmässige Weise, sondern durch die absolute Regierung aufgehoben. Glauben unsere Politiker von Fach, unsere Professoren wirklich, die Panacee des Volkswohles bestehe aus den juristischen Haarspaltereien des *unnationalen römischen Rechtes*, eines Rechtssystems, das in Ungarn niemals Geltung hatte; glauben Sie etwa die nationalökonomischen Ansichten der Nachfolger Adam *Smith's* und das *Rotteck* und *Welcker'sche Staatslexikon* sei der einzige und richtige Boden, auf welchem das Wohl der Nation erblühen werde?

Das g. H. kennt mich wohl genug, um zu wissen, dass mir nichts ferner liegt, als das Verdienst die edlen Intentionen dieser Männer in Zweifel zu ziehen; was ich jedoch fortwährend behaupte, ist, dass diese Prinzipien nur einen *negativen* Werth besitzen, dass sie *keinen wirklich positiven* Inhalt haben. Was ich fortwährend behaupte, ist: dass diese Prinzipien, inwieferne sie eine positive Form aufzustellen bemüht waren, dass *diese Formen nicht Fleisch und Blut geworden sind,* dass das tägliche Leben dieselben nicht gerechtfertigt hat.

Ich verwahre mich gegen die absolute Herrschaft dieser Schule und ihrer angeblichen Vertheidiger, ich verwahre mich dagegen, dass man diese Thesen, deren Unstichhältigkeit man bereits in Europa einzusehen beginnt, trotzdem bei uns noch, überdiess blos ganz mechanisch und gedankenlos, kopirt und anwendet.

Unter unsern Politikern von Profession befindet sich eine grosse Anzahl, denen es genügt, wenn man ihnen den Nachweis führt, dass dieses oder jenes Institut in Frankreich oder Belgien Eingang gefunden hat. Finden sie etwas im Rotteck und Welcker'schen Staatslexikon empfohlen, können sie sich gar auf Gneist, John Stuart Mill oder Bluntschli berufen, dann glaubt man nichts Besseres, nichts Eiligeres zu thun zu haben, als diese Institutionen bei uns zum Gesetze zu erheben. Mit der Frage, ob denn die Praxis, das tägliche Leben in diesem oder jenem Lande Erscheinungen zu Tage gefördert habe, welche mit der Theorie, der guten Absicht der Gründer durchaus nicht im Einklange stehen: mit der Beantwortung dieser Frage haben sich diese Herren sehr wenig befasst. Sehen wir ja doch, dass unter der Herrschaft eines Regimes und eines Systemes die Bürger verarmen, die landbautreibende Bevölkerung massenweise zu Grunde geht und wie man doch dem Zweifel und der Frage gar nicht Raum zu geben wagt, ob es nicht höchste Zeit wäre, uns um ein anderes System, um ein anderes Regime zu kümmern.

Sie widersprechen mir, Sie rufen mir zu, das seien starke Worte, übertriebene Vorwürfe.

Nun gestatten sie mir kurzweg eine Stichprobe: Werfen Sie doch einen Blick auf die Art und Weise, wie bei uns gewählt wird. Untersuchen Sie einmal die ganze Grundlage unseres Wahl- und Repräsentantivsystems.

Soll unsere ganze Verfassung nicht ein leerer Formalismus sein, so dürfte man doch meinen, dass man vor Allem die Frage stellen müsste: Welche *Machtmittel* stehen unsern Wahlbezirken eigentlich zu Gebote?

Vor nicht langer Zeit gab's hier einen Gassenkrawall, dessen Kulminationspunkt darin bestand, dass man dem Kasinogebäude die Fenster eingeworfen hatte. Dieser Gassenkrawall genügte dem Landeskommandirenden, Feldmarschalllieutenant Br. Edelsheim-Gyulay, um thatsächlich zu beweisen, dass eigentlich *er der Herr im Lande ist*. Und zwar führte er den Beweis hievon solange, als er es aus strategischen Rücksichten für nöthig hielt: d. h. Baron Edelsheim-Gyulay beorderte das Militär, liess die Gassen absperren, traf Verfügungen, ohne sich um die königlich ungarische Regierung zu kümmern. Noch weniger kümmerte ihn der hohe Reichstag, trotzdem in demselben gerade damals „*wirklich glänzende Reden*" gehalten wurden.

Und was gewiss noch sonderbarer ist, das geehrte Haus nahm die Sache wirklich ganz ruhig hin. Von allen Parteien des Reichstages hielt es nur jene Partei der Mühe werth, Einsprache zu erheben, welcher auch ich anzugehören die Ehre habe.

Und doch war diese eigenmächtige Verfügung des Chefs der Exekutivgewalt, wenn sie auch in kleinerem Maasstabe erfolgte, und der Umstand, dass die Legislative nicht einmal Einsprache erhob, — vielleicht weil sie wusste, dass es eine vergebliche Sache wäre, — und doch war diese Verfügung des Herrn Landeskommandirenden der Beweis, dass unsere Verfassung eine Fiktion sei.

Andererseits, geehrtes Haus, nennen wir stolz unsere Verfassung eine tausendjährige. Andererseits vermag es doch Niemand auf der Welt zu leugnen, dass unsere Verfassung keine Fiktion, sondern im vollsten Sinne Fleisch und Blut *war*.

Es ist möglich, dass die Anhänger der neuen Schule Folgendes erwiedern werden. Sie werden sagen: Die ehemaligen Stände hatten freilich ein leichteres Spiel. Während sie in der Komitatskongregation, während sie im Reichstage für die Verfassung kämpften, haben *sie hiemit zugleich* ihre eigenen Rechte, Privilegien, ihre Macht, ihre Stellung als Herren von Grund und Boden bewahrt und vertheidigt.

Nun gut, ich gebe zu, es war nicht recht, dass sie vorzugsweise auf ihre Stellung bedacht waren. Doch andererseits hätte es nicht geschadet, wenn wir aus diesen Thatsachen eine gute Lehre für die Gegenwart gezogen hätten. Diese Lehre ist nun keine andere als: dass es keinen mächtigeren Trieb auf dieser Welt gibt, öffentliche Institutionen zu vertheidigen, aufrecht zu erhalten, als *wenn die Menschen fühlen und wissen, dass sie zugleich mit diesen für ihren Vortheil, für ihr Interesse sorgen.*

Sie werden vielleicht entgegnen: unsere Aufgabe ist ja keine andere, als das Wohl der Staatsbürger vor Augen zu halten. Doch eben dies geschieht nach dem gegenwärtigen Wahlsystem nicht.

Und zwar gestatten Sie mir, eben dies durch einige thatsächliche Beispiele zu beweisen: die *Gewerbetreibenden* z. B. sprachen sich einstimmig für die *obligatorische Genossenschaft* aus. Sie fordern, dass Jeder, der ein Gewerbe ausübt, zugleich Mitglied einer Genossenschaft sein müsse. Sie weisen darauf hin, wie das Gewerbe fortwährend im Rückgange begriffen sei. Nun kommen unsere Professoren und Gelehrten und sagen, dass die Wissenschaft die schrankenlose Gewerbefreiheit fordere. Andere gehen sogar so weit zu sagen: das Kleingewerbe habe überhaupt keine Existenzberechtigung. Dies sei eine bereits wissenschaftlich festgestellte Thatsache.

Die Bauern kommen und führen Klage, dass der Wucherer sie aus dem Erbe ihrer Väter, von Haus und Hof vertrieben! Welche Antwort ist es, die sie bekommen? Ich selbst war einmal Zeuge, als die Vertreter einer grossen Gemeinde Klage führten. Als man über die Antwort berieth, ja in der Antwort selbst hiess es : „Es ist *richtig*, man sollte ein *Besitzminimum* wieder einführen; eine gewisse Anzahl von Jochen, der fundus instructus (das nothwendigste Vieh und Ackergeräth) sollte dem Bauer nicht gepfändet werden dürfen. Es ist wahr, das frühere System hatte wenigstens *einen* ausserordentlichen Vorzug. *Das Gut, sowohl das bäuerliche als auch das adelige, gehörte nicht dem Einzelnen, sondern der Familie.* Eigentlich ist es wahr, nur durch eine solche Massnahme *könnten* wir einen gesunden Bauernstand und gesunden Mittelstand erhalten. Jetzt vermehrt sich von Tag zu Tag das Proletariat. *Allein, mein Gott, solche Institutionen kann man einmal heutzutage nicht mehr einführen.* Dieses würde dem Geist der Zeit, der modernen Rechtsordnung und der Wissenschaft widersprechen."

Mit einem Worte : man zwängt und presst derzeit die Interessen, die Daseinsbedingungen der Staatsbürger in den Rahmen der Doctrine.

Freilich dürfen wir uns dann nicht wundern, dass der Bauersmann, der gezwungen war, nach Amerika auszuwandern, nicht viel Achtung vor dieser Doctrine und Staatsordnung hat. Und der Auswanderer denkt sich wohl: wäre doch diese ganze Rechtsordnung mit allen ihren Paragraphen dort geblieben, wo der Pfeffer wächst.

Ich weiss es, Sie werden mir mit der bekannten Phrase entgegenkommen, der Staat bewahre nur die Allen gemeinsamen Interessen. Und Bürger des Staates sind wir ja Alle. Die Aufgabe des Staates bestehe nicht darin, die Interessen einer einzelnen Klasse zu fördern. Gut! Doch wollen Sie gefälligst auch nicht vergessen, dass Jemand um Staatsbürger zu sein, irgend einer Klasse angehören, d. h. ein „*Schuster*" oder ein „*Bauer*" oder auch ein „*Professor der Politik*" sein müsse.

Ich hatte vor einigen Tagen Gelegenheit der Sitzung einer *Handels- und Gewerbekammer* beizuwohnen. Die Mitglieder brachten eine lange Reihe von Verfügungen und Versäumnissen vor, darunter zumeist solche, welche die Industrie wie den Handel erschweren und lähmen. Schliesslich brachen sie in die bittere Klage aus, dass es vergeblich sein würde, vom Landtage Hilfe zu erwarten; zumal daselbst nur Deputirte vom *flachen Lande, blosse Ackerbauer* sässen, zum guten Theile blosse Vertreter der Bauern; was würden denn *die* um Industrie und Handel sich scheeren, *sie*, die doch keine Empfänglichkeit für die Interessen der Industrie und des Handels besässen, wesshalb man ihnen denn noch weniger nachsagen könne, dass sie dafür Verständniss haben.

Werfen wir nun einen Blick auf den Reichstag. Stellen wir die Frage, nach *welchem* Schlüssel werden die verschiedenen Klassen besteuert. Es ist wahr, ein Drittel der Bevölkerung Ungarns sind *Urproduzenten*, d. h. *grösstentheils Ackerbauer*. Und trotzdem zahlt der liegende Grundbesitz 29.$_{67}$ Perzent direkte Steuer vom Reineinkommen, während der *Kapitalist, der Kaufmann, der Gewerbsmann* 10 Perzente vom Reineinkommen zahlen. Die in kleinen Städten wohnen, und die ohne Gehilfen arbeiten, noch weniger.

Man nennt Ungarn mit Recht einen Ackerbaustaat. und dennoch ist es eine Thatsache, dass das Hypothekarwesen, wie ich Ihnen in einer früheren Rede zu beweisen so frei war, den Grundbesitz vollkommen ruinirt. Es ist eine Thatsache, dass die Hypothek ein Monopol für das Kapital bildet.

Anderseits wissen wir, dass Ungarn etwa 200 grössere Städte und Gemeinden mit 5000 und mehr Einwohnern hat, welche zum grössten Theile ein Gewerbe ausüben, Handel treiben u. s. w. Und doch ist die Klage der Handels- und Gewerkammern vollkommen berechtigt, dass die Interessen des Handelsund Gewerbes nicht entsprechend vertreten sind!

Wie ist es denn nun damit eigentlich? Ich will es kurz sagen.

Die Interessen des Ackerbaues sind **nicht** *vertreten. es sind die Interessen des Gewerbes* **nicht** *vertreten. es sind die Interessen des Handels* **nicht** *vertreten.*

Und so vermöchte ich eine lange Reihe der wichtigsten Interessen, ja von Daseinsbedingungen der Staatsbürger zu erwähnen, welche in diesem Hause keine

Vertretung besitzen, nicht urgirt werden, ja nicht einmal zur Sprache kommen.

Dereinst, in der Welt der alten Táblabirós, haben die Stände sozusagen in einem Athem für die Verfassung und zugleich für ihre Machtstellung korporativ gekämpft. Allerdings gibt es jetzt nicht mehr *zwei Klassen* nicht mehr blos Herren und Knechte, sondern es gibt *zahlreiche Klassen*, deren Daseinsbedingungen, wie die Erfahrung zeigt, verschieden sind, sich kreuzen, auseinandergehen.

Wir — die neue Schule — haben das *Land mit Zirkel und Bleistift mechanisch in Wahlbezirke getheilt*.

Den nöthigen Grad von Patriotismus, Intelligenz und Wahlfähigkeit haben wir gleichfalls nach dem Leisten eines und desselben Zensus festgesetzt.

Ich weiss wohl, dass sich in allgemeinen Richtungen grossen Stils der Wille des Volkes offenbart; die Unzufriedenheit treibt die Wähler in das Lager der Opposition; Gott sei Dank, das Unabhängigkeitsgefühl lebt noch in den Ungarn, und dieses Gefühl ist so mächtig, dass es sich, trotz der Lendenlahmheit unseres Repräsentativsystems und trotz der grossen Mängel unseres Wahlgesetzes, bis zum Parlamente hin Bahn bricht.

Ich jedoch, der ich mich mit praktischen politischen Fragen ein wenig beschäftigt habe, muss es geradewegs leugnen, dass jenes mixtum compositum, — aus dem gegenwärtig unsere Wahlkreise bestehen, —

sich überhaupt um ein konkretes politisches Programm zu gruppiren im Stande wäre.

Jawohl unsere Wählerschaft ist gegenwärtig ein wahres mixtum compositum, dessen Bildung, Ansichten Wünsche und Velleitäten nach allen Richtungen der Windrose auseinander gehen. Ich leugne entschieden, dass dieses mixtum compositum eine gesunde Basis bieten würde für die so wichtigen Agenden der Legislative und des Munizipiums.

Für mich besteht kein Zweifel darüber, dass in einer dergestalt mechanisch zusammengestellten Wahlgemeinde stets ganz *andere* Faktoren, *als das Wohl des Vaterlandes oder die eigentliche Politik* entscheidend sein werden. Jeder Abgeordnete kennt diese Faktoren sehr gut, wesshalb ich denn bloss darauf hinzuweisen brauche, dass in derlei Bezirken in ultima analysi die *Agitation* — und zwar eine Agitation, welche in den meisten Fällen mit den gemeinsten Mitteln kämpft — entscheidet. In solchen Wahlbezirken sind entscheidende Faktoren : *Pression der Regierung, persönliche Interessen, Verwandtschaft und Schwägerschaft, Geld und Wein* u. s. w.

Das geehrte Haus wird, wenn es das Erwähnte einiger Aufmerksamkeit würdigt, wohl kaum in Abrede stellen, dass da keine „Leitartikel" und „Moralpredigten" Abhilfe schaffen, und dass es in Folge der Zusammenstellung der jetzigen Wählerschaft auch stets so bleiben werde.

Nur bei einer solchen Zusammenstellung der Wählerschaft war es möglich, dass die Gewählten wie es in den 70-iger Jahren geschah, nicht nur den Willen ihrer Wähler nicht vertreten, sondern ganz umgekehrt die Bedingungen der Wahlfähigkeit erschwert haben. Sie nahmen also ihren eigenen Wählern das Wahlrecht ab. Das haben doch diese Wähler unmöglich gewollt, als sie einen Abgeordneten in den Reichstag sandten. Oder aber es muss angenommen werden, wie es auch wirklich der Fall ist, dass die Phrase, der „Wille der Wähler werde auf den Abgeordneten übertragen" nur eine Phrase ist.

Gestatten Sie mir nunmehr, da ich mich dem Ende meiner Rede nähere, mindestens in Kurzem anzudeuten, auf welche Weise, meines Ermessens, den auch Ihnen bekannten bedeutenden Gebrechen abzuhelfen wäre.

Meiner Ansicht nach bloss auf folgende Art: *Mögen sich die Bürger des Landes nach Berufszweigen einigen und gruppiren,* d. h. *mögen sich die Arbeiter, Bauern, Gewerbs- und Kaufleute, die Lehrer und Beamten bis zur Geistlichkeit* u. s. w. *korporativ vereinigen, gesonderte Körperschaften bilden;* natürlich gemäss einem Schlüssel, auf welchen ich für jetzt nicht eingehen will. *Diese Gruppen mögen korporativ ihre Abgeordneten wählen, und so möge sich die Gemeinde, das Munizipium und der Landtag konstituiren.*

Geehrtes Haus! Wie sehr mangelhaft unsere Vertretung ist, wesshalb diese grossen Mängel nichts Anderes sind, als eine nothwendige Folge „jener Gesetze," welchen Alles in der Welt, somit auch die menschliche Gesellschaft unterworfen ist, darüber wäre natürlich gar Manches zu sagen. Doch um Ihre werthe Aufmerksamkeit nicht über Gebühr in Anspruch zu nehmen, beschränke ich mich bloss darauf, Ihnen die *Vorzüge dieser* Repräsentation darzustellen und gleichzeitig darauf hinzuweisen, warum ich glaube, dass ausschliesslich dies der Modus sein würde, unseren grossen Uebelständen abzuhelfen.

Diese Vorzüge sind kurz folgende :

Einmal nämlich würde dann jenes ungesunde Verhältniss aufhören, dass die Staatsbürger — und die Anzahl der Hiehergehörigen erscheint in stetem Steigen begriffen — im Staate eine Institution erblicken, welche sie eigentlich nicht beschützt und hütet, sondern vielmehr ihren Erwerb erschwert, statt demselben Vorschub zu leisten; es würde das ungesunde Verhältniss aufhören, dass die Anzahl Derer fortwährend zunimmt, welche unter den Organen des Staates am besten den sogenannten Steuerexekutor kennen; mit einem Worte — und diess ist hochwichtig — *das Privatinteresse und das Gemeinwohl würden dann in organischem Verbande stehen; die Fragen der höheren Politik würden dann in den Interessen wie in den Ansprüchen des Volkes, im Volke selbst wurzeln.*

Seien Sie dess gewiss, dass, wenn jede Klasse in dieser Weise stimmt, die Abgeordneten in keine abenteuerlichen Eroberungen wie jene Bosniens einwilligen würden, und dass andererseits, *wenn* die Vertreter eine Steuer oder einen Krieg für wirklich unvermeidlich halten — bei dem engen Bande, welches, nach Annahme des Antrags, Wähler und Deputirte umschliessen soll — das Volk wider Steuern und Krieg nicht „raisonniren", sondern dieselben als Ausfluss des eigenen Willens betrachten und bereitwillig Gut und Blut opfern wird.

Und einzig dann wird die Krone nach meiner Ansicht eine zuverlässige Stütze finden. Denn es ist kein Zweifel, eine wirkliche, wahre Stütze kann nur etwas bieten, was auch Widerstandskraft besitzt.

Kurz, es würde dann jenes unentbehrliche Band vorhanden sein, welches gegenwärtig in unserem Repräsentativsystem zwischen Mandatar und Kommittenten durchaus fehlt.

Denn ich gebe zu, dass es zu den grössten Missbräuchen, Vexationen, Erpressungen und Revolvereien führen könnte, falls man dem mixtum compositum der heutigen Wählerschaft das *Recht der Instruktion*, wie sie gemäss der ungarischen Verfassung bestand, oder des *Widerrufs* verleihen wollte.

Durch die meinerseits empfohlene Modalität würde die Wählerschaft zu einer Macht werden, das ist wahr; nicht zu einer mit Bajonetten und Säbel disponirenden, sondern zu einer *moralischen Macht*, deren Gewicht nicht zu schmälern diejenigen gut thun werden, welche sonst für die Interessen des Volkes so warm einstehen.

Man wird und zwar aus den Reihen der Partei, für welche ich selbst zu kämpfen die Ehre habe, als eine geeignetere Modalität das *allgemeine Stimmrecht* mit der *geheimen Abstimmung* vorschlagen. Dieselben, welche diesen Antrag einbrachten, haben in Ungarn bekanntlich auch vorgeschlagen, die Stimmen wären *gemeindeweise*, ohne dass die Wähler in einem Wahlzentrum erscheinen müssen, abzugeben. Es sei gestattet, hier kurz zu bemerken, dass in der Abstimmung „*gemeindeweise*" zum Theil jenes Prinzip verwirklicht würde, welches ich anstrebe, nämlich *nur homogene Elemente* wählen zu lassen, d. h. solche, welche gemeinsame Interessen verknüpfen, welche sich kennen, welche der gemeinsamen Berührungspunkte nicht entbehren.

Uebrigens leugne ich nicht, dass *das allgemeine Stimmrecht* gewisse Vortheile vor dem jetzigen Modus besitzt. Ein solcher Vortheil ist die *geheime Abstimmung*, der ich unbedingt das Wort rede und welche man in Ungarn wenigstens als ein sine qua non des suffrage universelle betrachtet. Wollen wir es mit der Politik ehrlich meinen, so müssen wir vor Allem damit beginnen, dass wir alle Hindernisse entfernen, welche dem Wähler einen gewissen Zwang auferlegen, oder einen Einfluss auf ihn ausüben, nicht nach seiner Ueberzeugung zu stimmen. Dass das Resultat der geheimen Abstimmung ein ganz anderes ist, d. h. die Ueberzeugung der Wähler richtiger zum Ausdruck gelangt als in der offenen, weiss in Ungarn jedes Kind. Eine offene Stimmenabgabe ist nur dort statthaft, wo die Gesellschaft ganz gesund ist und die Politik wirklich Fleisch und Blut besitzt.

Selbst in diesem Falle ist es noch eine Frage, ob nicht der, durch keine verschiedenen Rücksichten beeinflussten Stimmenabgabe der Vorzug zu geben ist. Bei Völkern, welche noch nicht ganz dem Byzantinismus verfallen sind, besitzt das, was man öffentliche Meinung nennt, noch einen gesunden Kern. Es ist nun anzunehmen, dass eben, wenn die Wahlen durch Massen geschehen, dieser gesunde Kern wenigstens *immer* noch *öfter* zur Geltung kommen dürfte, als es gegenwärtig des Fall ist. Auch das hat die Erfahrung gezeigt, dass dieser gesunde Kern eher dort zum Ausdruck kommt, wo homogene Elemente beisammen sind. Dieser Umstand macht es erklärlich, dass der Bauer, der wie überall also auch in Ungarn konservativ ist, dennoch in unserer zerfahrenen Gesellschaft noch am meisten Zusammenhalt und Selbstständigkeit bewiesen hat. Die Bauernschaft ist es, welche in Ungarn vorzugsweise oppositionell wählt. Allein, wie Sie alle zur Genüge wissen, nur die vermögenden, besitzenden Gemeinden. Die Bauernschaft, welche verschuldet ist, sich in Wucherhänden befindet, Steuern und andern Lasten erliegt, das sogenannte ländliche Proletariat bildet das allerbequemste Kontingent für jene, welche das Kapital und die Macht in Händen haben.

Dies Alles wissen wir zur Genüge. Was übrigens das suffrage universelle betrifft, so würden dessen Vortheile dadurch illusorisch gemacht, dass jene Mängel, welche den gegenwärtigen Wohlmodus in so widerlichem Lichte erscheinen lassen, bei dem allgemeinen Stimmrechte *in der Regel wenigstens* in noch *grösserm Masse zu Tage treten würden.* Die Interessen, die Willensmeinungen würden in noch viel grösserm Masse auseinander gehen, die Zerfahrenheit wäre eine noch grössere. Die verschiedenen Agitationen hätten einen wenigstens eben so grossen, wo nicht grössern Spielraum als jetzt.

Der Unterschied zwischen allgemeiner und geheimer Abstimmung einerseits und meinem Antrag wäre jener, dass die Gruppenvertretung der Volksherrlichkeit Fleisch und Blut geben und dieselbe verwirklichen will, die heute, selbst mit dem allgemeinen Stimmrechte, bloss im Principe, bloss in der Theorie existirt.

Was das Listenskrutinium betrifft, welches eben jetzt in Frankreich und Italien so mächtige Wogen wirft — Wogen, von denen man übrigens bei uns, vielleicht weil wir so dick in der Wolle sitzen, nichts verspürt — so würde beim Listenskrutinium das innige Band zwischen Wähler und Gewähltem in noch höherm Masse fehlen als jetzt, und einen um so grösseren Einfluss wird dann die Reklame und andere Mittel üben, von welchen wir wissen, dass sie durchaus nicht allemal für Recht und Billigkeit eintreten.

Sie werden vielleicht vorbringen, dass der gegenwärtige rechtsgiltige Modus der Repräsentation nichts Anderes sei als eine Konsequenz der 48-er Ereignisse, ein Resultat der Forderungen der Neuzeit.

Das geehrte Haus gestatte mir daher, neuerdings einen Vergleich anzuziehen, der von einem Notär des Sároser Komitates herrührt und die 48-er Ereignisse sehr gut charakterisirt. Der Vergleich lautet: *Ludwig Kossuth wollte, ein zweiter Moses, die Nation durch das rothe Meer in das Land der Verheissung führen; doch bevor wir an's andere Ufer gelangt, schlug die Fluth über unseren Häuptern zusammen.*

Gestatten sie mir diesen Vergleich meinerseits ein wenig zu ergänzen.

Als eine organisirte und disziplinirte Nation sind wir zu diesem rothen Meere gezogen.

Wohl haben wir uns, wie's gerade ging, aus der Fluth gerettet. Doch in welchem Zustande?

Als zerstreute undisziplinirte Masse. Jedermann kämpft auf eigene Faust und Jedermann irrt auf seinem eigenen Wege dahin.

Der Fleischtöpfe Egyptens waren wir allerdings verlustig geworden, allein von der „himmlischen Manna" wurde uns gleichfalls nichts zu Theil.

Unsere Stiefel sind zerrissen, ja selbst unsere Bundschuhe, und Koth und Jauche haben uns vollgespritzt. So schweifen und irren wir, wie Grünwald sagte „in der *„Planlosigkeit"* umher, — wie ich noch hinzufügen möchte: *„in der dürren Wüste der modernen Politik".*

Für mich unterliegt es keinem Zweifel, dass die solchergestalt zersplitterte, undisziplinirte Masse ausser Stand sein wird, das Land der Verheissung zu erobern und das Prinzip der wahrhaften Selbstregierung zu vewirklichen.

In dieser zerstreuten, undisziplinirten, in ihre Ele-

mente aufgelösten, „atomisirten" Gesellschaft werden gewisse Faktoren herrschen; aber welche?

Die Freiheit wird es nicht verhindern, dass über diese zerstreuten Massen jene Schaar von Menschen herrsche, welche disziplinirt ist und eventuell auch über Waffen verfügt : — ich kann offen sprechen; denn ich bin in der camera caritatis — nämlich das *stehende Heer*.

Doch noch etwas Anderes wird herrschen : dass *Geld*. Die ruhmreichen Schlachten dieser illustren Kämpen können wir heut schon schauen, Schlachten in denen heute Rothschild, morgen Bontoux, und dann wieder Rothschild der Sieger ist.

Ausserdem wird noch etwas herrschen und das ist die *Korruption*.

Eine natürliche Folge des wehrlosen Zustandes der Gesellschaft ist es, dass nicht. wer ehrlich ist, wer Idealen nachstrebt, wer sein Wort hält, wer auf seinen Freund vertraut — sondern wer mitleids- und schonungsloser, wer schlau ist, wer die Verhältnisse zum Schaden seiner Mitbürger besser auszubeuten versteht, in diesem Kampfe der Sieger sein wird.

Und daran werden weder Predigten, noch Leitartikel das Geringste ändern.

Ich gehöre nicht unter Diejenigen, die immer über die neue Zeit schimpfen; ich weiss, unsere Lage ist schwieriger, als die unserer Väter.

Unsere Vorfahren lebten angenehmer als wir.

Trotzdem ist es wahr, wass Kossuth in einem seiner letzten Briefe schrieb: „Die alten Sitten haben aufgehört; es gibt keine Bürgertugend mehr."

Ich liebe nicht die übertrieben spitzigen Worte. Ich bin weder ein jugendlicher Heisssporn, noch ein Mann, der leichtsinnig Anklagen riskirt. Seien Sie überzeugt, das Urtheil, welches ich über unsere Konstitution ausspreche, habe ich aus den Erfahrungen einer langen Reihe von Jahren geschöpft: *Diese moderne Konstitution entwickelt sich nicht organisch, sie gleicht Mahomed's Sarge, der zwischen Himmel und Erde schwebt.*

Unsere moderne Konstitution ist ein fremder, kein nationaler Baum, ein Baum, der keine Wurzeln hat, und den wir doch künstlich in die Muttererde verpflanzen wollen; und dann erstaunt sind, dass dieser Baum keine Früchte trägt, oder doch sehr sonderbare Früchte.

Unsere Verfassung ist ein leerer Formalismus oder wie unser berühmter Landsmann richtig sagt: „Ein tönendes Erz und eine klingende Schelle, ja noch schlechter als das, eine Komödie."

G. Haus! Ich schliesse meine, ohnediess schon lang gerathene Rede. Ich will keinen Feudalismus, keine Ungleichförmigkeit, ich will keine Kasten, keine nach Nationalität oder Religion aufgestellten Scheidewände; ich halte im Gegentheil jene That, durch welche die Schranken, die einst die Menscheit in Kasten schieden, niedergerissen wurden, für eine der schönsten der Weltgeschichte.

Gleichwohl war diese That nur eine halbes Werk : wir haben vergessen, den Staat, die Gesellschaft auf der Grundlage der Gleichheit zu organisiren. Mein Antrag, g. Haus, geht dahin : Ich möchte den theils *nützlichen,* theils *produktiven* Klassen, nämlich den Arbeitern, Bauern, Gewerbetreibenden, Kaufleuten, Beamten u. s. w. jene Macht geben, auf welche sie mit Recht Anspruch erheben können.

Der Wahlspruch der Zukunft ist die Arbeit. Gestehen wir, dass dieser Wahlspruch einer der edelsten, schönsten ist.

Ich will das Volk, die Gesellschaft um die Fahne der Arbeit schaaren — nicht scheiden — zusammenschaaren, organisiren will ich sie unter dieser Fahne.

Ich binde mich nicht an Schlagworte; ich werde auch nichts desshalb protegiren, weil es demokratisch ist; denn ich weiss sehr wohl, dass etwas konservativ und doch, nach den gegebenen örtlichen und menschlichen Verhältnissen, viel heilsamer sein kann, als etwas, was die demokratische, oder liberale Farbe trägt. Gleichwohl möchte ich bemerken, dass mein Vorschlag demokratisch ist und zwar im wahren Sinne dieses Wortes.

Wenn wir es nicht wagen, uns von den bequemen Schlagworten zu emanzipiren, wenn wir auf dem bisherigen Wege, in der bisherigen Wüstenei fortfahren, dann wird die Reakzion kommen, und zwar nicht die gute, sondern die finstere, böse Reakzion.

Vielleicht kommt auch etwas Anderes: die soziale Revolution.

Es kann auch noch ein Drittes kommen: Die Versumpfung, die Fäulniss der Gesellschaft, der Byzantinismus.

Ich will die Verfassung und die Selbstregierung zu Fleisch und Blut machen.

Ich will mir nicht schmeicheln, dass, was ich, überdiess noch sehr mangelhaft vorgebracht, sofort Erfolg haben, sofort auf fruchtbaren Boden fallen werde. Eine solche Frage wird nicht in 24 Stunden entschieden. Denn wenn ich auch dem Lorbeer des Erfolges für den Moment entsagen muss, so werden die Ereignisse der Zukunft, das Wirken jener Faktoren, welche herrschen und immer mehr herrschen werden, die Wahrheit meiner Worte erweisen, die Ereignisse selbst, — freilich ist dies ein sehr unerfreulicher Trost, — meinen Vorschlag zur Reife bringen.

Ich will ganz aufrichtig sprechen. Es ist möglich, dass meine g. Kollegen geneigt sind, in meinem Vorschlage eine unausführbare Doktrin zu erblicken. Es ist möglich, dass die Sache in Zukunft umgekehrt wird. Es ist möglich, dass man sich in Zukunft zu dem Geständnisse herbeilassen wird, es sei wahrhaft merkwürdig, dass es unter einer so grossen Zahl ausgezeichneter Männer, mit denen ich mich — aufrichtig gesprochen — was hervorragende Eigenschaften, oratorische Fähigkeiten anbelangt, nicht messen kann, keiner gewagt hat auszusprechen, dass es der Kühnheit eines so anspruchlosen Mitgliedes

des Hauses bedurfte, um zu erklären: Unsere Verfassung ist nicht Fleisch und Blut, sie ist eine blosse Komödie. Möglicherweise wird man einmal sagen, es sei wirklich merkwürdig, dass so viele kluge und ausgezeichnete Männer in dieser Komödie durch so lange Zeit gespielt oder, besser gesagt, es geduldet haben, dass diese Komödie mit ihnen gespielt werde. Warum sie es bisher nicht gewagt, dies einzugestehen, obgleich sie es selbst fühlen, darüber werde ich vielleicht bei einer anderen Gelegenheit sprechen.

Da in der Vorlage der Regierung und der Majorität nicht einmal ein Anlauf, nicht einmal das kleinste Bestreben zu finden ist, um wenigstens die ärgsten Schäden des gegenwärtigen Wahl- und Repräsentationswesens zu saniren, so nehme ich für meinen Theil das Budget nicht an.